밥, 빵, 면, 간식 다 먹고도 성공하는

기적의 탄단지 다이어트 레시피

지영현(조은fine) 지음

빅피시
BIG FISH

Prologe

배고픔도, 요요도, 탈모와 강박도 없이
탄단지 식단으로 건강한 다이어트에 성공하세요!

저는 먹는 걸 좋아하는 대식가 집안에서 자라며 다양한 음식을 배불리 먹는 게 익숙했어요. 타고난 통통 유전자에 먹는 양까지 많으니 어릴 때부터 날씬했던 적이 없었죠.

그러다 고등학생이 되어 외모에 관심이 생기자 주변 친구들과의 몸과 제 몸을 비교하기 시작했어요. 친구들처럼 마른 몸을 갖고 싶어서 거의 굶는 것이나 다름없는 식단에 과도한 운동을 병행한 것이 저의 첫 다이어트였습니다. 그러니 결과는 뻔했어요. 한창 성장기에 무리한 다이어트로 생리불순이 찾아왔고, 가장 중요한 본분인 학업에 집중할 수가 없었어요. 결국 몸만 상하고 오히려 더 살이 찌며 다이어트를 실패하고 말았습니다. 이후에도 원푸드, 닭고야, 노 나트륨 등 유행하는 다이어트를 다양하게 시도했지만 번번이 실패하거나 중도에 포기하며 내 몸에 대한 자책만 커져갔습니다.

대학생 때는 다이어트는 포기하고 학업에만 전념했어요. 하루 종일 도서관에 앉아 공부하다 보면 시간이 부족해 배달 음식이나 인스턴트식, 간편식으로 끼니를 때우는 것이 일상이었죠. 또 밤샘할 때는 잠들지 않기 위해 늘 군것질을 입에 달고 살았어요. 이런 일상을 반복하며 학기가 끝나자 무려 8kg가량 살이 쪘고, 몸의 변화 때문인지 게으름과 무기력함이 덮쳐왔습니다. 그뿐만 아니라 자극적인 음식만 먹어서 그런지 자주 체했고 몸 여기저기가 아프기 시작했어요. 그렇게 일상이 엉망이 되어가던 어느 날, 문득 '내가 무얼 위해 이렇게 사는 거지?'란 생각이 들었습니다.

학업도 중요하지만 내 몸을 돌보지 않는 일상이 지속되면 안 될 것 같았어요. 그래서 그날 바로 휴학을 신청했고, 지금보다 건강한 몸과 마음으로 살고 싶어 곧바로 다이어트를 마음먹었습니다. 그동안 수많은 다이어트에 실패했으니 이번엔 제대로 나만의 방법을 찾아 꼭 성공하리란 생각으로요.

가장 먼저 한 일은 지금껏 겪은 다이어트의 실패를 분석하는 것이었어요. 영양 밸런스가 붕괴된 식단, 과도한 운동 후의 폭식, 계속되는 배고픔, 매일 재는 몸무게와 칼로리로부터 시작된 숫자 강박, 단시간에 많이 감량하고 싶은 조급한 마음…. 한 번도 생각해 보지 않았던 것들인데 하나하나 따지고 보니 다이어트에 실패할 수밖에 없는 원인은 다 가지고 있었어요. 그래서 이번에는 이 모든 것을 하지 않는 것을 목표로 구체적인 다이어트를 계획했습니다.

다이어트의 목표는 건강한 몸으로 다이어트에 성공하는 것. 이렇게 명확한 목표를 세운 후 선택한 감량법은 적절한 탄수화물, 단백질, 지방의 구성으로 영양 밸런스를 맞춘 탄단지 다이어트 식단이었어요. 먹는 것을 결정했으니, 환경과 생활 습관, 마음가짐도 건강하게 재정비하기로 했습니다. 미용이 아닌 건강에 초점을 맞춰 다

이어트를 내 몸과 마음을 돌보는 시간으로 여겼고, 매일 몸무게를 재며 스트레스를 받는 대신 옷바디와 눈바디로 몸의 변화를 서서히 받아들였어요.

물론 늘 하던 방법이 아닌 만큼 처음엔 모든 것이 생소해서 이 방법이 맞는지 의심스러웠죠. 하지만 걱정도 잠시뿐이었어요. 감격스럽게도 딱 일주일 만에 효과가 나타났거든요. 게다가 다이어트 시작 후 항상 일주일도 버티지 못했었는데, 이번에는 일주일이란 시간이 생각보다 힘들지 않았어요. 내가 직접 요리를 하고 먹는 시간 모두 즐거웠습니다. 일주일에 한 번씩 몸무게를 잴 때면 실제로 감량한 걸 확인할 수 있었고, 옷이 점점 커지는 걸 느끼면 될 듯이 기뻤어요. 다이어트 실패로 인한 자책이 해소되는 순간이었습니다. 내 선택에 대한 성과가 보이니 내 방법이 틀리지 않았고, 잘 해내고 있다는 성취감에 자존감이 높아졌어요. 건강한 음식을 먹으니 위장병이나 몸 여기저기 아픈 곳도 없어졌습니다.

이렇게 저는 운동 없이 100일간 10kg 감량에 성공했어요. 오로지 탄단지 그리고 식이섬유가 풍부한 식단만으로요! 이번 다이어트는 마지막이라고 생각하며 임했기에, 다이어트 첫날부터 유튜브에 다이어트 브이로그 영상을 올리기 시작했어요. 다이어트 과정을 사람들에게 공개하는 만큼, 쉽게 포기하기 어려울 거라 생각했거든요. 직접 식단을 짜고 요리하며 먹는 소소한 다이어트 일상을 유튜브에 올리면서 다이어트를 향한 의지는 더욱 확고해졌고, 그 의지와 구독자들의 응원으로 다이어트 성공에 박차를 가할 수 있었어요. 감량에 성공한 것도 기뻤지만 무엇보다 건강을 찾은 제 모습 또한 너무도 뿌듯했어요. 식단만으로 감량한 후에는 건강한 몸과 마음, 생활 습관을 모두 유지하고 싶어서 일반식과 식단을 병행하고 운동도 가끔 하며 4년간 건강한 유지어터의 삶을 지속하고 있습니다.

저는 그동안 수많은 다이어트를 통해 실패를 경험했고, 그 실패를 토대로 저에게 맞는 건강한 탄단지 식단을 선택해 감량에 성공할 수 있었어요. 그래서 저처럼 다이어트를 하며 어려움을 겪는 모든 분들께 '할 수 있다'는 자신감과 용기를 드리고 싶습니다. 그리고 무엇보다 내 몸을 해치지 않는 건강한 다이어트를 선택하라고 권하고 싶어요. 빨리 날씬해져서 예쁜 옷을 입고 싶은 마음도 이해해요. 저도 그랬으니까요.

하지만 무리한 다이어트를 하면 감량의 순간은 잠시뿐이에요. 다이어트 방법을 선택할 때는 무조건 감량만 생각할 것이 아니라 건강을 해치지 않는 방법을 고려하고 감량 후 요요가 오지 않는 조건까지 염두에 두어야 해요. 건강을 망치고 요요가 해결되지 않으면 그동안 쏟아부었던 노력과 시간이 물거품이 될 뿐이니까요. 저는 탄단지 다이어트 식단으로 이 모든 것을 만족스럽게 이루어 냈기에 여러분께 이 방법을 추천하고 싶어요. 다이어트에 실패하며 생긴 자책이 성취감으로 바뀌도록, 몸과 마음에 건강한 변화가 일어날 수 있도록 이 책에 담긴 레시피와 저의 이야기가 여러분의 다이어트에 도움이 되었으면 좋겠습니다.

2023년 지영현(조은fine)

Contents

PART 1
속 편하고 든든한
밥 요리

프롤로그	4
이 책의 계량법	12
요요 없는 탄단지 다이어트를 선택한 이유	13
탄단지 식단의 장점	14
탄단지 식단을 구성하는 방법과 비율	15
건강한 탄단지 식재료와 양념	16
알뜰한 재료 소분법	20
탄단지 다이어트 Q&A	21

오리양배추덮밥	26
새우마늘볶음밥	28
시금치불고기덮밥	30
훈제목살포케	32
두부비빔밥	34
청경채닭안심덮밥	36
매콤참치배추롤	38
토마토카레덮밥	40
두부유부초밥구이	42
참치미역죽	44
연어김밥	46
게살고추냉이마요김밥	48
베이컨볶음밥	50
깻잎쌈밥	52
하루숙성연어덮밥	54
토마토볶음밥	56

PART 2
탄단지가 골고루! 포만감 좋은 빵 요리

새우토스트	60
닭가슴살소시지샌드위치	62
에그구마샌드위치	64
대파베이컨그릭베이글	66
오리고기샌드위치	68
말차그릭토스트	70
불고기사과샌드위치	72
오이양파토스트	74
블루베리그릭베이글	76
대파달걀토스트	78
바질토마토파니니	80
두부텐더샌드위치	82
파인애플식빵피자	84
닭가슴살리코타샌드위치	86

PART 3
부담 없이 먹는 면 요리

소고기파스타샐러드	90
목살된장국수	92
시금치베이컨파스타	94
달걀말이메밀김밥	96
묵은지간장국수	98
순두부달걀국수	100
매콤참치비빔면	102
미역국수물냉면	104
버섯된장파스타	106
달걀카레두부면	108
두부면고추장크림파스타	110
연어비빔국수	112
아보카도비프메밀국수	114
토마토파스타	116

PART 4
지속 가능한 다이어트의 일등공신
별미 일품요리

시금치프리타타	**120**
두부강정	**122**
대패목살숙주볶음	**124**
버섯카레리소토	**126**
베이컨양배추전	**128**
애호박멘보샤	**130**
포테이토쉬림프피자	**132**
라이스페이퍼군만두	**134**
닭소야볶음	**136**
고구마핫도그	**138**
오징어호박부추전	**140**
과카몰리플레이트	**142**
참치팽이버섯전	**144**
소고기고추장크림리소토	**146**
달걀지단잔치국수	**148**
닭다리살파채무침	**150**

PART 5
과식한 다음날을 위한
가벼운 요리

토마토순두부그라탱	**154**
연어요거트샐러드	**156**
오트밀치즈게살죽	**158**
토마토달걀볶음	**160**
리코타치즈샐러드	**162**
문어감자샐러드	**164**
게살치즈달걀찜	**166**
새송이관자구이	**168**
단호박에그슬럿	**170**
토마토부라타샐러드	**172**

PART 6
먹어도 살찌지 않는
간식 & 음료

바닐라아포가토	**176**
녹차프로틴라테	**177**
곶감그릭말이	**178**
두부과자	**180**
무설탕고구마맛탕	**182**
참외그릭	**184**
곡물고구마라테	**186**
블루베리요거트스무디	**187**
바나나오트밀쿠키	**188**
밥솥그릭요거트	**190**
에프군고구마	**192**
매실에이드	**193**
초코그릭요거트볼	**194**
무설탕딸기라테	**196**

가나다순 인덱스	**198**
재료별 인덱스	**200**

부록   **206**
한 번 장 보면 일주일을 책임지는 식단표
-저렴한 식재료를 사용한 식비 절약 식단
-급찐급빠 4일 식단
-입 터진 주간 속세 메뉴 식단

이 책의 계량법

이 책은 일반 밥숟가락과 종이컵을 사용해 계량했어요.

1큰술(15g/12ml)

밥숟가락은 계량스푼보다 납작하기 때문에 재료가 적게 담겨요. 재료를 숟가락 가득 수북히 떠서 담아요.

0.5큰술(7~8g/6~7ml)

가루나 소스, 장은 숟가락의 절반 정도 채우고, 액체는 절반보다 조금 넘치게 담아요.

0.3큰술(4~5g/4~5ml)

가루, 액체, 소스 모두 숟가락의 1/3 분량 정도만 채워 담아요.

1컵(200g/200ml)

액체를 종이컵 가득 담아 사용해요.

0.5컵(100g/100ml)

액체를 종이컵 절반 정도만 담아 사용해요.

1줌(50g)

주로 채소를 계량할 때 손을 펼쳐 가볍게 쥘 수 있는 양을 사용해요.

약간

소금, 후춧가루, 통깨는 2번 정도 톡톡 뿌리는 1~2g 정도, 기름류는 0.3~0.5큰술 정도 사용해요.

요요 없는 탄단지 다이어트를
선택한 이유

'나에게 맞는 다이어트 식단은 무엇일까?' 원푸드, 닭고야, 노나트륨 다이어트 등 수많은 다이어트 시도와 실패를 경험한 제가 늘 생각해오던 질문이에요. 다이어트는 늘 끝을 맺지 못한 채 금세 포기하기를 반복했고, 자기 조절에 실패했다는 죄책감에 언제나 힘든 과제가 되어버렸어요. 그런 제가 어떤 이유로 탄단지 다이어트를 선택했고 어떻게 성공했는지 알려드려요.

**다이어트
실패 원인 파악**

제가 그동안 실패했던 다이어트의 공통점은 '탄수화물 제한'이었어요. 다이어트에는 탄수화물이 적이라는 말을 너무 믿은 거죠. 우리가 아는 탄수화물은 당질과 식이섬유로 구성된 물질인데 이 당질이 흔히 말하는 '순탄수'예요. 사람마다 몸무게, 생활 패턴, 운동 강도 및 빈도가 모두 다르기 때문에 탄수화물 적정 섭취량은 달라요. 중요한 건 모든 식단에 적절한 탄수화물이 포함되어야 한다는 것이에요. 과도한 탄수화물 제한은 오히려 다이어트에 독이 될 수 있어요.

> **과도하게 탄수화물을 제한하는 경우 단점**
> - 운동 시 몸에 에너지가 없으니 지방을 태울 힘이 없어요.
> - 집중력이 저하되고 무기력해지며 일상 생활에 무리가 와요.
> - 식단이 끝난 후 다시 탄수화물을 섭취할 때 요요가 오기 쉬워요.

**다이어트의 목적에
초점 두기**

탄수화물 제한 다이어트에 실패 후 '속도'보다는 '목적에 초점을 두기로 했어요. 빨리 날씬해지고 예뻐지는 것도 좋지만, 단시간에 빠르게 감량하는 만큼 요요가 빨리 오고 탈모가 오거나 건강을 해치기도 하니까요. 제 목적은 모든 영양소를 건강하게 먹고 다시 일반식을 먹어도 최대한 요요가 오지 않게 하는 것이었기 때문에 탄단지 다이어트를 선택하게 되었어요.

**조은의 탄단지
다이어트 시
탄수화물 섭취 원칙**

지는 4개월간 10kg를 감량하면서 탄수화물을 섭취했어요. 이때도 원칙은 있었습니다.

> **탄수화물 섭취 원칙**
> - 평소 먹던 탄수화물보다 양을 줄여요.
> - 건강한 탄수화물을 섭취하기 위해 대체 재료와 좋아하는 메뉴를 찾았어요.
> - 다이어트 초반에는 무리한 운동을 하지 않아요. 나에게 맞는 식단을 찾아 만족감을 느끼고 배고픔을 느끼지 않게 되면 운동을 병행해요.

탄단지 식단의 장점

탄단지 다이어트 성공 전후로 제 삶의 많은 것이 변화했어요. 극단적인 다이어트로 몸과 마음이 지쳤던 때와 달리, 다이어트 식단 자체를 즐기게 되었고 음식에 대한 두려움이나 강박도 없어졌어요. 직접 만든 요리 덕분에 자존감이 높아졌고 부지런한 일상을 유지하면서 건강한 몸과 마음을 가지게 되었습니다. 탄단지 식단이 가져다준 긍정적 변화를 여러분도 경험해보시길 바라요.

다이어트 중에도 먹는 것에 크게 스트레스를 받지 않아요

고등학생 때 채소 혹은 고구마나 방울토마토만 먹는 극단적인 다이어트를 실패한 후, 오히려 영양 밸런스가 무너져 고열량 음식에 대한 욕구가 커졌고 과식과 폭식 습관이 생겼어요. 성인이 되어 건강이 더 나빠지는 경험을 한 뒤에야 밸런스를 맞춘 식단으로 다이어트를 했고, 그러니 오히려 몸이 건강해졌어요. 탄수화물, 단백질, 지방을 골고루 섭취하고, 먹고 싶은 메뉴가 있으면 대체 재료로 요리해 다양하게 먹다 보니 힘들지 않게 살이 빠지는 데다 면역력이 높아져 몸이 아프지도 않고 머리가 빠지지도 않았어요.

체력이 늘어 일상이 부지런해져요

꾸준히 식단 관리를 하며 자기 만족감이 높아지자 자연스럽게 운동을 병행하게 되었고 체력 또한 좋아졌어요. 식단 관리와 운동을 한 날에는 만족스럽게 금방 잠이 들었고, 아침에 일어나기도 한결 쉬워졌어요. 아침에 몸을 움직이니 하루의 활력이 생겨 더 부지런히 일상을 보내며 하고 싶은 일들을 더 많이 할 수 있게 되었죠. 내가 정성스럽게 만든 음식을 나에게 대접하는 만족감이 제겐 하루의 동력이 된 셈이에요.

몸의 변화가 마음의 변화를 만들어요

수년 간 다이어트에 도전했지만 저는 생각보다 자신을 잘 돌보지 않은 채 오직 체중 감량에만 집중했었나 봐요. 오직 나를 위해 정성스럽고 예쁘게 식단을 만들어 먹는 시간이 저에겐 자존감을 충전하며 나를 잘 살피는 시간이 되었어요. 내가 뭘 좋아하고 뭘 잘 먹는지 그리고 내 건강을 위해 어떤 재료를 사용해야 하는지 자신을 더 잘 알아가고 귀 기울이는 시간이었습니다. 처음 한두 끼로는 모르지만 여러 번 반복하며 습관이 되면 자신이 대견해지고 그 시간이 모여 몸과 마음이 단단한 사람으로 성장해요.

탄단지 식단을 구성하는
방법과 비율

다이어트를 하면 몸무게, 칼로리, 음식 무게 등 저울 속 숫자에 주목하게 돼요. 숫자는 우리가 결정할 때 과하게 영향을 주고, 이러한 과정은 음식에 대한 강박을 유발할 수 있어요. 그래서 저는 숫자보다는 '비율'을 중요하게 생각합니다. 정확한 무게 대신, 적당한 한 그릇에 탄단지와 식이섬유를 골고루 담아 요리하는 거예요. 익숙해지면 그릇에 올리지 않고도 가늠할 수 있어서 조리 과정이 간편해질 거예요.

탄수화물

당질과 식이섬유로 된 탄수화물에서 다이어터가 주의해야 할 것은 당질, 즉 순탄수입니다. 포털사이트에서 '다이어트 탄수화물 섭취량 계산'을 검색한 후 자신의 기초대사량, 몸무게, 운동빈도 등을 고려해 계산하면 하루 적정 탄수화물 섭취량을 계산할 수 있어요. 저는 감량기 때부터 지금까지 16:8(16시간 단식) 간헐적 단식을 해서 하루 두 끼와 간식을 먹고 있으며, 감량기엔 탄수화물 120~130g, 유지기인 지금은 150~160g의 탄수화물을 섭취해요.

> 100g 기준 순탄수 양=현미 38g / 통밀빵 50g / 단호박 13g / 통밀파스타 61g

저는 한 끼로 통밀파스타를 먹었다면 한 끼는 단호박이나 고구마를 넣은 음식을 먹고, 한 끼로 현미볶음밥을 먹었다면 한 끼는 통밀식빵을 사용한 샌드위치나 토스트를 먹어요. 모든 음식에 탄수화물이 포함되니 주로 사용하는 탄수화물 식재료를 파악하고 순탄수의 양을 알아두면 식단 구성이 편해져요.

단백질 & 지방

단백질과 지방은 일일이 구분해서 섭취하지는 않아요. 단백질과 지방은 짝꿍이라 거의 함께하기 때문에 단백질을 섭취하며 지방도 채워요.

식이섬유

탄단지는 채웠는데 뭔가 빠진 것 같죠? 탄단지 다이어트에는 탄단지 만큼이나 식이섬유를 담당하는 채소도 중요해요. 식단을 시작하면 탄수화물 섭취는 줄고 단백질 섭취는 늘어 변비가 생기기 쉬운데 이를 채소가 해결해줘요. 매번 아래 사진처럼 식재료를 챙길 수는 없지만 비슷하게 먹으려고 노력하고 있어요.

건강한 탄단지
식재료와 양념

먹고 싶은 음식을 계속 참다 보면 결국 과식이나 폭식으로 이어지거나 불만이 생겨 스트레스를 받아요. 이때는 좋은 식재료를 가지고 요리해서 음식에 대한 만족감을 채워주세요..

건강한 탄수화물   쌀이나 밀가루 대신 식이섬유가 풍부한 대체 탄수화물을 사용하면 탄수 함량의 부담을 줄일 수 있어요.

통밀식빵
100g당 순탄수 50g이며 식빵 1장 중량은 40~50g. 일반 식빵보다 거친 식감이라 오래 씹게 되어 포만감이 높아요. 빵순이 다이어터라면 통밀식빵을 꼭 구비하세요.

통밀파스타
100g당 순탄수 61g. 한 끼에 55g 정도의 파스타를 단백질 재료와 함께 먹으면 든든한 한 끼가 돼요. 파스타에 들어가는 재료가 많으면 파스타를 50g으로 줄여 사용해요.

오트밀
식이섬유가 풍부한 오트밀은 요거트 토핑으로도 좋고, 물이나 유제품을 넣고 끓여 꾸덕한 죽이나 리소토 등을 만들기에도 좋아요.

곤약현미밥
가장 추천하는 탄수화물 재료인 곤약현미밥은 곤약쌀과 현미를 섞어 지어 칼로리가 낮고 순탄수 양도 적은 데다 식이섬유가 풍부해요. (p.23 참고)

현미쌀소면/메밀면
50g당 순탄수 41g. 밀가루 무첨가 제품으로 소면을 활용한 국수 요리에 사용해요.

메밀면
50g당 순탄수 30g. 면 종류는 순탄수가 적지 않지만 식단이 물릴 때 별미 음식을 만들기 좋아요. 단백질 재료를 추가해 요리해요.

단호박
100g당 순탄수 13g. 굉장히 낮은 순탄수를 포함하며 달콤한 맛이 좋아 여러 요리에 활용해요.

고구마
100당 순탄수 30g. 식이섬유가 풍부한 고구마는 보통 크기 기준으로 개당 100~150g 중량이며 한 끼에 한 개씩 먹어요.

든든한 단백질

단백질 재료를 다양하게 사용해 요리하면 질리지 않으면서 맛있게 다이어트할 수 있어요. 건강한 단백질로 부담 없이 포만감을 높여주세요.

닭가슴살

100g당 단백질 35g. 생닭 가슴살이나 소스가 포함된 시판 닭가슴살도 좋아요. 닭가슴살이 질릴 때는 닭안심을 추천해요.

달걀

개당 단백질 6g. 칼로리는 낮지만 포만감은 높고, 지방을 연소시켜 근육량 유지에 도움을 줘요.

두부

100g당 단백질 8g. 포만감이 매우 높고 오래 유지되는 식품으로 배고픔을 자주 느끼는 분들에게 좋아요.

돼지대패목살

100g당 단백질 23g. 필수 아미노산이 풍부하고 빈혈 개선 효과도 있어 영양이 부족하다고 느낄 때 섭취하면 좋아요. 목살 대신 지방이 적고 고단백인 안심, 뒷다리살도 추천해요.

저염베이컨

돼지고기로 만든 베이컨은 단백질과 지방이 함유되어 요리에 사용하기 좋아요. 짭짤한 맛 덕분에 따로 간하지 않아도 되고, 소분해 얼리면 꺼내 먹기 편해요. 나트륨 함량이 높으니 저염베이컨이나 지방 함량이 적은 베이컨을 골라 사용해요. 저는 커클랜드의 지엄베이컨과 곰곰의 남백한 베이컨을 사용해요.

냉동새우

지방 함량이 낮고 단백질, 칼륨, 무기질이 풍부해요. 한 봉에 60마리 정도 들어 있는 크기라면 한 끼에 6마리 정도 사용해요.

참치

작은 캔 100g 기준 단백질 19g. 나트륨과 지방 함량이 낮은 편이 아니니 자주 먹기보다는 매일 먹는 닭가슴살이 질리거나 새로운 단백질을 먹고 싶을 때 좋아요.

게맛살

한 팩 140g 기준 단백질 16g. 칼로리가 낮아 요리에 활용하거나 간식으로 단독 섭취해도 좋아요.

소고기

100g당 단백질 20g. 카르니틴 성분이 함유되어 지방 연소 활성화와 기력 회복에 도움을 줘요.

오징어

100g당 단백질 18g. 지방 함량이 적고 타우린 성분이 풍부해 피로 회복에 좋아요.

에너지원 지방

콜레스테롤과 중성지방 수치를 낮춰주는 불포화지방산은 채내에서 합성되지 않으니 꼭 음식물로 보충해주세요.

아보카도
당분 함량이 낮고 비타민이 풍부해 피부 건강에 좋으며 나트륨 배출을 도와줘요.

올리브유
오메가-9 지방산, 항산화 성분인 폴리페놀이 함유되어 노화를 방지해요. 다이어트 시 일반 식용유 대신 사용해요.

치즈
칼슘과 프로바이오틱스가 풍부하며, 특히 프로바이오틱스는 장내 유익균을 증가시켜 소화를 돕고 지방이 축적되지 않도록 조절해줘요.

연어
100g당 단백질이 20g 들었을 뿐만 아니라 오메가-3 지방산이 풍부해 뇌 기능 활성화, 면역력 강화에 도움을 주며, 좋은 지방을 가진 고단백 식품이에요.

아몬드
오메가-3 지방산, 식이섬유가 풍부해 섭취 시 포만감을 느낄 수 있어요. 기억력 향상과 노화 방지에 도움이 되는 아몬드는 하루 10개 정도 섭취하세요.

다이어트 양념

지속 가능한 다이어트를 위해 가장 중요한 것은 '만족감'이에요. 만족감을 높여주는 대체 양념을 사용해 즐겁게 식단을 관리해요.

저당고추장

한식을 좋아한다면 갖추어야 할 필수 재료로 설탕 대신 알룰로스를, 찹쌀과 밀가루 대신 메주가루를 사용해 당분과 탄수화물을 줄였어요. 매일 사용하는 재료가 아니기 때문에 오래 두고 먹을 수 있어요.

저칼로리소스

100g당 40kcal 미만 제품으로 설탕 대신 알룰로스를 넣어 당분 함량을 줄였어요. 스위트칠리, 데리야키, 마라, 양념치킨 등 다양한 맛의 제품을 요리에 활용해 속세의 맛을 즐겨요.

알룰로스 & 스테비아

설탕 대신 사용하는 감미료예요. 알룰로스는 무화과, 포도 등에서 발견되는 당 성분이고, 스테비아는 남미에서 단맛을 내기 위해 사용하는 허브의 일종으로, 두 제품 모두 0kcal예요. 대부분의 요리에는 알룰로스를 사용하고, 베이킹이나 가루로 단맛을 낼 때는 스테비아를 사용해요.

저칼로리케첩 & 저칼로리마요네즈

알룰로스와 스테비아를 사용해 당류나 칼로리 부담 없이 달콤한 맛을 즐길 수 있어요. 일반적인 케첩이나 마요네즈와 맛이 같아서 요리에 활용하거나 곁들이기에 좋아요.

발사믹소스

발사믹식초는 유럽에서 '황제의 식초'라고 불릴 만큼 귀한 식재료로 여겨져요. 저는 발사믹식초를 가공해 걸쭉하게 만든 폰타나발사믹글레이즈를 자주 사용해요. 캐러멜색소나 액상과당 등의 첨가물을 사용하지 않아 진정한 발사믹의 맛과 향을 진하게 느낄 수 있고, 샐러드 드레싱이나 디핑 소스, 디저트 소스 등 다양한 음식에 활용하기 좋아요.

알뜰한 재료 소분법

다이어트식을 만들 때 분명 자주 사용하는 재료가 있을 거예요. 저는 자주 쓰는 몇몇 식재료는 대용량으로 구매해 소분해놔요. 처음에는 대용량 가격이 비싸게 느껴지지만, 여러 개로 소분해 보관하면 훨씬 저렴하게 먹을 수 있어요. 소분 방법도 어렵지 않으니 도전해보세요.

베이컨
종이포일에 길게 두 장씩 올려 돌돌 만 후 가위로 한 줄씩 잘라 냉동 보관해요. 일반 비닐을 사용하면 들러붙으니 꼭 종이포일을 사용해요.

소고기
키친타월로 핏물을 제거하고 종이포일에 하나씩 올려 밀폐용기에 담아 냉동 보관해요. 소고기 크기에 따라 다르지만 보통 요리하기 2시간 전에 미리 실온에 꺼내어 해동해요. 핏물을 제거하지 않으면 물기와 함께 종이포일이 얼어붙어 분리되지 않을 수 있으니 주의하세요.

돼지대패목살
주로 냉동 제품이 많은 대패목살은 120~150g씩 잘라 비닐에 넣고 냉동 보관해요. 통째로 보관하면 냉동실에 자리를 차지하고 먹을 때마다 무게를 재는 것이 번거로워 소분하는 것이 편리해요. 비닐에 목살 한 묶음을 넣고 바짝 묶은 후 한 묶음을 더 넣어 묶으면 비닐 한 장에 두 묶음을 소분할 수 있어요.

곤약밥
곤약쌀과 현미밥으로 만든 곤약현미밥은 전자레인지 용기에 100g씩 담아 소분하고 냉동 보관해요. 사 먹는 것보다 훨씬 저렴하니 꼭 만들어서 소분하길 추천해요. (p.23 참고)

대파
뿌리를 제거하고 씻은 후 흰 부분과 초록 부분을 나눠 썰어요. 물기를 충분히 말리고 실리콘백에 담아 냉장실 채소칸에 보관해요. 오래 두고 먹을 거라면 냉동 보관해요.

탄단지 다이어트
Q&A

제 유튜브 구독자 분들 그리고 '다이어트 식단'을 검색하다가 우연히 제 영상을 접한 분들이 가장 궁금해하는 질문을 모아봤어요. 이제 다이어트를 시작하는 분들과 유지기에 들어간 분들, 혹은 다이어트 중 어려움을 겪는 모든 분들에게 제가 직접 경험하고 해결해나간 방법들이 도움이 되었으면 좋겠어요.

Q1
감량기에 꼭 지킨 습관이 있나요?

감량기와 유지기가 크게 다른 건 없지만 감량기부터 시작한 습관 중 하나는 간헐적 단식이에요. 저는 16:8 간헐적 단식을 하며 16시간 공복을 지키고, 피치 못할 상황에서는 최소 12시간 이상 공복 상태를 유지하려고 해요. 하루 두 끼 먹는 습관을 이때 만들었고, 감량기에는 하루 두 끼를 모두 식단으로만 관리했어요. 일주일에 한 끼는 먹고 싶은 음식을 먹으며 치팅데이를 갖기도 했고요. 먹는 양을 줄이며 위가 줄어들기 시작했을 땐 운동 대신 식단에만 집중했어요. 애초에 원래보다 적은 양을 먹기 때문에 에너지가 많지 않아서 운동을 하면 지칠 것 같았거든요. 그러다 배고픔이 크게 느껴지지 않을 때부터 걷기 운동을 시작했고, 혼자 걷는 것을 좋아해 무작정 10km씩 걸었어요. 어느 정도 식단이 적응된 뒤에 운동을 시작하자 정체기에서 벗어나기도 했습니다. 먹는 양을 줄이면서 포만감을 채우기 위해 물도 하루 2L 이상 꼭 마셔줬어요.

#식단먼저적응 #운동은나중에 #하루2L물마시기

Q2
유지기에 꼭 지킨 습관도 궁금해요!

간헐적 단식은 계속 지키고 있고, 감량기 때는 일주일에 한 번 일반식을 했다면 유지기인 지금은 일주일에 두세 끼니 정도 일반식을 양을 조절해 먹고 있어요. 외식을 하더라도 위가 예전보다 줄어든 상태이니 마찬가지로 양을 조절해가며 메뉴를 자유롭게 먹어요. 그리고 운동 중에 배가 고프면 바나나, 아몬드, 통밀과자, 단백질칩 등 건강한 간식을 먹거나 일반 과자를 조금씩 먹기도 해요. 대신 유지기에는 그만큼 운동을 자주 해요. 일주일에 주 4회, 30분 이상 헬스, 필라테스, 클라이밍, 산책, 사이클, 홈트 등 다양한 운동을 즐겨요. 꼭 무거운 무게를 드는 근력 운동이 아니어도 괜찮아요. 몸을 움직이고 활력을 얻을 수 있는 운동이라면 어떤 것이든 상관없어요. 그리고 감량기 때와 동일하게 물 2L 마시기, 두 끼 챙겨 먹기, 집밥 만들어 먹기로 현재도 요요 없이 4년간 유지하고 있어요.

#간헐적단식 #양조절일반식 #나만의활력운동 #물2L+두끼+집밥

Q3
다이어트 강박은 없었나요?

저는 탄단지 다이어트를 하는 동안 신기하게도 강박이 전혀 없었어요. 그동안 많은 다이어트에 실패하고 실패의 원인을 찾아 생각을 바꿨기 때문인 것 같아요. 늘 미용 목적으로 다이어트를 하니 조급했고, 음식의 칼로리에 집착했고, 몸무게의 변화에 불안했거든요. 그런데 아프고 나서 건강의 소중함을 알게 됐고, 체중 감량보다 건강이 목적인 다이어트를 시작하며 몸의 변화를 조금씩 느끼다 보니 느리더라도 잘하고 있다는 확신을 얻었어요. 식재료를 직접 보고 골라서 만든 음식을 먹으니 칼로리를 보지 않았고, 몸무게보다 눈바디와 옷바디에 집중했어요. 몸무게나 칼로리의 숫자가 강박을 유발한다고 생각했거든요. 샤워하고 달라지는 눈바디를 가볍게 보기만 했고, 63kg일 때 꽉 꼈던 라지사이즈 청바지를 입어보며 옷바디를 체크했어요. 강박이 있는 분들에게 저는 숫자를 보지 말라고 권하고 싶어요. 수시로 쉽게 체크할 수 있는 숫자가 나도 모르게 기준을 만들어서 기준을 넘어가면 먹으면 안 된다는 강박이나 불안으로 이어질 수 있기 때문이에요. 시간에 조급해하지 말고 내 몸과 마음의 변화를 지켜봐주세요.

`#몸무게보다눈바디 #칼로리보다옷바디 #숫자에연연하지말자`

Q4
급찐급빠의 비법을 공개해주세요!

여행을 좋아하는 저는 2박 3일 이상의 여행 후에는 평소보다 많이 먹고 덜 움직여서 살이 쪄요. 하지만 그건 진짜 살이 아니라 음식물과 수분이 포함된 무게예요. 그래서 원래 패턴으로 돌아와 식단을 관리하고 유산소 운동을 병행하면 금세 원래 몸무게로 돌아와요.
그래도 여행을 마친 다음날 첫 끼는 최대한 가볍게 먹어요. 여행 기간 동안 늘어난 위는 가벼운 식단을 통해 '아, 내 몸이 이제 관리를 하는구나!' 하고 인식하며 원래대로 돌아갈 준비에 돌입해요. 위를 줄이는 기간 동안 샐러드나 요거트 위주로 가볍게 먹다 보면 당연히 배고플 수 밖에 없겠지만, 하루 이틀만 참으면 돼요. 이미 식단 관리를 했던 분이라면 관리 중 위가 줄어들었기 때문에 다이어트를 처음 시작하는 분보다 빠르고 수월하게 적응할 거예요.

`#곧바로식단돌입 #과식후첫끼최대한가볍게 #위줄이기시작`

Q5
먹는 양 줄이는 방법이 있을까요?

단단하게 맘먹고 냉정하게 참아야 해요! 위 줄이기는 배고픔을 참는 방법 밖에는 없어요. 대신 식사 시간에는 무조건 만족감을 높여줘야 해요. 만약 저녁에 닭가슴살샐러드를 먹었는데 다음날 점심이 또 같은 메뉴라면 공복 시간 동안 다른 음식만 생각나고 너무 힘들 거예요. 그런데 저녁에 닭가슴살샐러드를 먹고 다음날 점심으로 토마토파스타를 먹는다고 생각해보세요. 음식에 대한 기대감과 함께 이 정도의 시간은 참을 수 있다는 생각이 들 거예요. 매일 다른 메뉴를 먹으니 질리지 않고, 대체 재료를 사용해 만드니 내가 원하는 음식을 만들어 먹을 수 있다는 만족감이 다이어트의 원동력이 돼요. 다이어트 초기인 3~7일간은 배고플 수밖에 없어요. 다만 그 배고픔을 기분 좋게 느끼느냐, 아니면 불만족스럽게 느끼느냐의 차이인데 식단에 사용하는 재료와 메뉴를 다양하게 구성하면 훨씬 만족스러울 거예요.

`#식사만족감높이기 #다양한메뉴배치하기`

Q6
조은표 곤약현미밥은 어떻게 만드나요?

제 요리에 자주 사용하는 곤약현미밥은 다이어트 성공에 크게 도움을 준 저칼로리의 좋은 탄수화물이에요. 쌀 모양 곤약에 쫀득쫀득한 찰현미를 더하면 곤약의 말랑한 식감을 보완할 수 있어요. 사 먹을 때는 한 팩당 2,500원 정도라 부담이 되지만, 집에서 만들어 먹으면 식비를 절약할 수 있어요. 한 번에 넉넉히 만들고 한 끼 분량으로 소분해서 냉동 보관하면 언제든 꺼내 먹을 수 있어 편리해요.

○ 찰현미 600g
○ 곤약쌀 400g
○ 물 500~550ml
　(500ml는 적당한 고두밥, 550ml는 진밥)

1 곤약쌀은 흐르는 물에 가볍게 헹구고, 찰현미는 흐르는 물에 여러번 헹군다.

2 밥솥에 찰현미, 물을 넣는다.

3 마지막에 곤약쌀을 올리고 백미취사를 눌러 밥을 짓는다.

100g씩 12개 정도로 소분해요.

4 밥이 다 되면 잘 섞어 한 끼 분량씩 소분해 냉동 보관한다.

오리양배추덮밥

새우마늘볶음밥

시금치불고기덮밥

훈제목살포케

두부비빔밥

청경채닭안심덮밥

매콤참치배추롤

토마토카레덮밥

두부유부초밥구이

참치미역죽

연어김밥

게살고추냉이마요김밥

베이컨볶음밥

깻잎쌈밥

하루숙성연어덮밥

토마토볶음밥

PART 1

속 편하고 든든한 밥 요리

Recipe 01.

오리양배추덮밥

조은 다이어트 레시피 중 가장 후기가 많은 TOP 3에 포함되는 인기 메뉴예요.
만들기 쉽고 맛있는 데다 포만감까지 좋아 든든함이 오래 가요.
맛있게 다이어트하고 싶다면 아삭한 양배추와 고소한 오리고기로 시작해보세요.

Ingredients

- 곤약현미밥 100g
- 훈제오리슬라이스 4장
- 양배추 적당량(1줌)
- 달걀 1개
- 다진 마늘 0.5큰술
- 굴소스 0.5큰술
- 통깨 약간
- 올리브유 1큰술

How to

1 오리고기는 먹기 좋게 썰고, 양배추는 오리고기와 비슷하게 썰어 식초 1큰술을 넣은 물에 10분간 담갔다가 헹군다.

2 달군 팬에 다진 마늘, 오리고기를 넣어 볶는다.

3 고기에서 기름이 나오면 양배추를 넣어 볶다가 양배추가 익으면 굴소스를 넣고 볶는다.

노른자가 원하는 정도로 익을 때까지 가열해요.

4 가운데 홈을 파고 올리브유를 두른 후 달걀을 깨 올려 뚜껑을 덮고 약불에서 익힌다.

5 그릇에 밥을 담고 달걀을 가운데 올린 후 볶은 재료를 둘러 담아 통깨를 뿌린다.

Recipe 02.

새우마늘볶음밥

한국인의 입맛 취향을 반영해 마늘을 듬뿍 넣어 만든 초간단 볶음밥이에요.
향긋한 마늘 기름에 탱글탱글 오동통한 새우를 넣으면 담백하면서도
한층 진한 풍미가 돌아 맛이 더 좋아져요. 새우로 단백질까지 야무지게 챙기세요.

Ingredients

- 곤약현미밥 100g
- 냉동새우 100g
- 마늘 5개
- 대파 1/5대
- 다진 마늘 0.5큰술
- 굴소스 0.3큰술
- 참기름 0.5큰술
- 올리브유 2큰술

How to

1 새우는 해동하고, 마늘은 얇게 편 썰고, 대파는 얇게 송송 썬다.

2 달군 팬에 올리브유를 두르고 편 썬 마늘, 대파, 다진 마늘을 넣고 약불에서 볶는다.

3 마늘 향이 올라오면 중약불에서 새우를 넣고 새우가 붉게 변할 때까지 볶는다.

4 새우가 익으면 밥, 굴소스를 넣고 볶다가 불을 끄고 참기름을 뿌려 잘 섞는다.

Recipe 03.

시금치불고기덮밥

뽀빠이도 힘이 불끈 솟게 만든다는 시금치를 활용해 맛있는 한 끼를 만들어볼까요?
식이섬유, 비타민, 철분 등 영양 성분이 가득한 시금치와 간장 불고기를 함께 볶아
따끈한 밥 위에 올려보세요. 촉촉하고 짭짤하면서도 달콤한 덮밥이 완성된답니다.

Ingredients

- 곤약현미밥 100g
- 돼지고기 150g(앞다릿살)
- 시금치 3포기
- 양파 1/4개
- 페페론치노 3개
- 맛술 1큰술
- 후춧가루 약간
- 참기름 0.5큰술

양념

- 다진 마늘 0.5큰술
- 간장 1.5큰술
- 알룰로스 0.5큰술

How to

1 돼지고기에 맛술, 후춧가루를 뿌려 10분간 재우고, 시금치는 밑동을 제거하고, 양파는 채 썰고, 양념 재료는 잘 섞는다.

2 달군 팬에 돼지고기, 양파를 넣어 볶는다.

> 페페론치노는 큼직하게 부수어 넣어요.

3 고기가 거의 익으면 양념을 넣어 볶다가 시금치, 페페론치노를 넣고 볶는다.

4 시금치의 숨이 죽으면 불을 끄고 참기름을 뿌려 잘 섞은 후 밥을 곁들인다.

Recipe 04.

훈제목살포케

훈제돼지목살은 훈제오리보다 지방이 적어 맛이 더 담백하고 가격 또한 저렴해요.
저는 훈제목살에 여러 가지 채소와 토핑을 올려 저만의 포케를 만들었어요.
풍부한 영양과 다양한 식감을 담은 한 그릇 요리로 나에게 건강한 한 끼를 대접하세요.

Ingredients

- ○ 곤약현미밥 100g
- ○ 훈제돼지목살 100g
- ○ 부추 15g
- ○ 어린잎채소 10g
- ○ 삶은 달걀 1개
- ○ 아몬드 5개

소스

- ○ 간장 0.3큰술
- ○ 맛술 0.3큰술
- ○ 홀그레인머스터드 0.5큰술
- ○ 알룰로스 0.5큰술
- ○ 후춧가루 약간

How to

1 부추, 삶은 달걀은 먹기 좋게 썰고, 아몬드는 으깨고, 소스 재료는 잘 섞는다.

2 달군 팬에 훈제목살을 넣고 앞뒤로 노릇하게 굽는다.

좋아하는 채소를 넣어 만들어요. 소스는 한꺼번에 뿌리지 말고 조금씩 찍어 먹길 추천해요.

3 그릇에 밥을 담고 훈제목살, 부추, 달걀, 어린잎채소, 아몬드를 둘러 담은 후 소스를 찍어 먹는다.

Recipe 05.

두부비빔밥

저렴한 데다 영양이 풍부해 단백질 보충은 물론이고 포만감까지 좋은 재료 두부.
다이어터에겐 너무나 귀한 식재료죠. 두부를 작게 썬 뒤 노릇노릇하게 구워서 샐러드 토핑처럼
비빔밥 위에 올려보세요. 두부의 꽉 찬 영양 덕분에 오랫동안 배고프지 않아요.

Ingredients

- 곤약현미밥 100g
- 두부 1/3모(100g)
- 애호박 1/5개
- 달걀 1개
- 통깨 약간
- 올리브유 2큰술

양념

- 다진 대파 2큰술 (대파 1/2대)
- 고춧가루 0.5큰술
- 간장 1큰술
- 식초 0.5큰술
- 참기름 0.5큰술
- 알룰로스 0.5큰술

How to

1 두부는 한입 크기로 썬 후 키친타월 위에 올려 물기를 제거하고, 호박은 채 썰고, 달걀은 잘 푼다.

2 양념 재료는 잘 섞는다.

3 달군 팬에 올리브유 1큰술을 두르고 두부를 앞뒤로 노릇하게 구워 덜어둔다.

4 같은 팬에 호박을 넣고 볶아 덜어둔다.

5 같은 팬에 올리브유 1큰술을 두르고 달걀물을 부은 후 젓가락으로 휘저어가며 스크램블드에그를 만든다.

6 그릇에 밥을 담고 두부, 호박, 스크램블드에그를 둘러 담은 후 가운데 양념을 올리고 통깨를 뿌린다.

Recipe 06.

청경채닭안심덮밥

닭가슴살이 뻑뻑하게 느껴지거나 질리면 닭안심을 사용해 요리해보세요.
부드러운 닭안심과 아삭한 청경채를 볶아 밥에 곁들이면 식이섬유가 풍부하고
촉촉한 덮밥이 완성돼요. 청경채로도 꼭 한번 만들어보고, 다른 채소도 활용해 도전해봐요.

Ingredients

- 곤약현미밥 100g
- 닭안심 130g
- 청경채 3포기
- 맛술 0.5큰술
- 후춧가루 약간
- 굴소스 1큰술
- 통깨 약간
- 올리브유 1큰술

How to

1 청경채는 밑동을 제거해 잎을 낱장으로 떼고, 닭안심은 먹기 좋게 썬다.

2 달군 팬에 올리브유를 두르고 닭안심, 맛술, 후춧가루를 넣고 앞뒤로 노릇하게 굽는다.

3 닭의 겉면이 익으면 청경채, 굴소스를 넣고 청경채의 숨이 죽을 때까지 볶은 후 통깨를 뿌려 밥을 곁들인다.

Recipe 07.

매콤참치배추롤

참치통조림과 배춧잎, 밥 한 그릇만으로 정말 맛있는 쌈밥롤을 만들 수 있어요.
찜기에 찐 배춧잎에 참치고추장비빔밥을 넣어 돌돌 말면 달짝지근한 채소의 맛과
매콤하고 고소한 비빔밥의 맛까지 동시에 느껴져요. 도시락으로도 참 좋은 메뉴예요.

Ingredients

- 곤약현미밥 100g
- 알배춧잎 4장
- 참치통조림 1/2개(50g)
- 대파 1/5대
- 고추장 0.5큰술
- 검은깨 약간

How to

1 찜기에 배춧잎을 넣고 숨이 죽을 때까지 3분간 찐 후 충분히 식힌다.

2 참치는 기름을 제거하고, 대파는 잘게 썬다.

3 그릇에 밥, 참치, 대파, 고추장을 넣고 비빈다.

4 배춧잎을 펼쳐 비빔밥을 올린 후 돌돌 감싸 말아 검은깨를 뿌린다.

배춧잎은 전자레인지로 데칠 수도 있어요. 내열용기에 물기 묻은 배춧잎을 담고 랩을 씌워 포크로 구멍을 2~3회 뚫은 후 전자레인지에서 2~4분 정도 가열하며 익은 정도를 확인해요.

Recipe 08.

토마토카레덮밥

카레는 넣는 재료에 따라 다른 맛을 내는 무한 변신이 가능한 메뉴예요.
저는 카레에 양파, 새송이버섯을 넣어 씹는 식감을 더하고 토마토를 더해 프레시한 맛을 살렸어요.
토마토를 싫어하는 분도 카레의 진한 향 덕분에 맛있게 먹을 수 있을 거예요.

Ingredients   How to

- ○ 곤약현미밥 100g
- ○ 토마토 1/2개
- ○ 새송이버섯 1개
- ○ 양파 1/4개
- ○ 고형카레 1조각
- ○ 물 150ml
- ○ 파슬리가루 약간
- ○ 올리브유 1큰술

1 토마토, 버섯, 양파는 작은 한입 크기로 깍둑썬다.

2 달군 팬에 올리브유를 두르고 양파를 볶다가 양파가 익기 시작하면 버섯을 넣어 볶는다.

> 양파는 원하는 식감에 따라 볶는 정도를 달리하는데, 태우기 직전까지 오래 볶으면 풍미가 깊어져요.

3 양파가 원하는 만큼 익으면 토마토, 물을 넣고 중약불로 끓인다.

4 끓어오르면 고형카레를 넣고 잘 저어가며 약불에서 1~2분간 끓인다.

5 그릇에 밥을 담고 토마토카레를 올려 파슬리가루를 뿌린다.

Recipe 09.

두부유부초밥구이

예능 프로그램에서 가수 화사 님이 소개한 두부유부초밥은 다이어터라면 모를 수 없는 메뉴죠.
이미 맛본 분들이 많은 이 메뉴를 조금 더 맛있어지도록 에어프라이어에 넣고
노릇노릇 구워봤어요. 고소한 맛이 훨씬 좋아져 새로운 메뉴처럼 느껴질 거예요.

Ingredients

- 곤약현미밥 100g
- 유부초밥키트 1인분 (유부 6~7개 분량)
- 두부 1/2모(150g)
- 통깨 약간

How to

1 두부는 키친타월로 물기를 제거한 후 볼에 담아 포크로 으깬다.

2 으깬 두부에 밥, 유부초밥키트의 채소볶음, 초밥소스의 절반 분량을 넣고 잘 섞는다.

3 유부 안에 두부밥을 잘 채워 넣는다.

4 에어프라이어 180℃에서 5분, 뒤집어서 5분간 가열 후 통깨를 뿌린다.

Recipe 10.

참치미역죽

속을 든든하고 따끈하게 채워주는 참치미역죽은 만들기도 쉽고 먹고 난 후 속이 편해
자주 만들어 먹는 메뉴 중 하나예요. 참치 자체의 풍미가 좋은 데다 간이 배어 있어
별다른 양념을 넣지 않아도 맛이 좋아요. 보들보들한 죽 한 그릇으로 든든하게 하루를 시작하세요.

Ingredients How to

- 곤약현미밥 100g
- 건미역 5g(불린 미역 40g)
- 참치통조림 1/2개(50g)
- 다진 마늘 0.5큰술
- 물 100ml
- 국간장 1큰술
- 통깨 약간
- 참기름 0.5큰술

1 미역은 물에 담가 15분간 불려 물기를 꼭 짠 후 작게 자르고, 참치는 기름을 제거한다.

2 달군 팬에 참기름을 두르고 미역, 다진 마늘을 넣어 미역의 물기가 사라질 때까지 볶는다.

3 참치, 물, 국간장을 넣고 강불에서 섞어가며 끓인다.

4 물이 끓어오르면 밥을 넣고 원하는 농도가 될 때까지 저으며 끓이다가 통깨를 뿌린다.

Recipe 11.

연어김밥

주머니가 가벼운 학생 다이어터에겐 연어가 조금 비싼 식재료이지만, 요리를 사 먹는 것보다는
저렴하게 배불리 먹을 수 있으니 과감하게 만들어봐요. 김 안에 연어와 달걀말이를
듬뿍 넣고, 직접 만든 양파소스를 올리면 연어가 두 배는 맛있어져요.

Ingredients

- 곤약현미밥 100g
- 김밥김 1장
- 연어횟감 100g
- 달걀 2개
- 청상추 2장
- 올리브유 1큰술

양파소스

- 다진 양파 1큰술
- 식초 1큰술
- 저칼로리마요네즈 1큰술
- 알룰로스 0.5큰술

How to

1. 연어는 김밥 1줄에 넣을 수 있도록 길쭉하게 썰고, 양파소스 재료는 잘 섞는다.

2. 달걀은 잘 풀고, 달군 팬에 올리브유를 둘러 달걀말이를 만든 후 충분히 식혀 길게 2등분한다.

3. 김 위에 밥을 퍼 올린다.

> 바로 먹을 땐 소스를 넣어 말고, 나중에 먹는다면 소스에서 물이 나올 수 있으니 소스 없이 말아 소스에 찍어 먹어요.

4. 상추-연어-달걀말이-양파소스 순으로 올려 김밥을 말고 한입 크기로 썬다.

Recipe 12.

게살고추냉이마요김밥

샌드위치에 많이 쓰이는 게맛살과 사과는 김밥 재료로 활용해도 잘 어울려요.
고소하고 부드러운 게맛살과 아삭아삭 사각거리는 사과, 톡 쏘는 고추냉이까지
각기 다른 매력을 가진 재료가 뽐내는 크리미하고 신선한 맛을 느껴보세요.

Ingredients

- 곤약현미밥 100g
- 김밥김 1장
- 게맛살 1팩(120g)
- 사과 2조각(60g)
- 고추냉이 0.2큰술
- 저칼로리마요네즈 0.5큰술
- 알룰로스 0.5큰술
- 파슬리가루 약간

How to

1 게맛살은 결대로 잘게 찢고, 사과는 껍질째 가늘게 채 썬다.

2 그릇에 게맛살, 고추냉이, 마요네즈, 알룰로스를 넣고 잘 섞는다.

3 김 위에 밥을 얇게 펴 올린다.

4 게맛살샐러드-사과 순으로 올려 김밥을 말고 한입 크기로 썰어 파슬리가루를 뿌린다.

Recipe 13.

베이컨볶음밥

냉장고에 남은 채소를 활용하기 좋은 메뉴 중 1등은 단연코 볶음밥이 아닐까요?
저는 파프리카와 양파를 넣었는데 냉장고에 있는 채소 어떤 것이든 활용할 수 있어요. 각종 채소에
베이컨까지 넣으면 풍미가 더해져 정말 맛있답니다. 넉넉히 만들어 냉동 보관해도 좋아요.

Ingredients

- 곤약현미밥 100g
- 저염베이컨 2줄
- 파프리카 1/4개
- 양파 1/8개
- 달걀 1개
- 굴소스 0.5큰술
- 파슬리가루 약간
- 올리브유 1큰술

How to

1 베이컨, 파프리카, 양파는 작은 한입 크기로 썬다.

2 달군 팬에 올리브유를 두르고 달걀프라이를 만들어 덜어둔다.

> 베이컨에서 기름이 나오니 기름을 따로 넣지 않아요.

3 달군 팬에 베이컨, 파프리카, 양파를 넣고 재료가 노릇해질 때까지 볶는다.

4 밥, 굴소스를 넣고 볶아 그릇에 담고 달걀프라이를 올린 후 파슬리가루를 뿌린다.

Recipe 14.

깻잎쌈밥

쌈밥은 보통 케일, 겨잣잎, 적근대 등 다양한 채소를 데쳐서 만들수 있어요.
저는 자투리 깻잎을 데치고 고기와 호박을 넣어 볶은 된장밥을 채운 후
동글동글 귀여운 쌈밥을 만들었어요. 된장과 깻잎의 풍부한 맛과 향을 한입에 느껴보세요.

Ingredients

- 곤약현미밥 100g
- 깻잎 10장
- 다진 돼지고기 100g
- 애호박 1/8개
- 양파 1/6개
- 아몬드 6개
- 다진 마늘 0.5큰술
- 된장 0.5큰술
- 고춧가루 0.5큰술
- 올리브유 1큰술

고기양념

- 맛술 1큰술
- 후춧가루 약간

How to

1 돼지고기에 고기양념을 넣고 버무려 10분간 재우고, 호박, 양파는 잘게 다진다.

2 달군 팬에 올리브유를 두르고 돼지고기, 다진 마늘을 넣고 볶다가 고기가 익으면 호박, 양파를 넣고 볶는다.

3 채소가 익으면 된장, 고춧가루를 넣고 볶다가 밥을 넣고 볶아 식힌다.

4 끓는 물에 깻잎을 한꺼번에 넣고 15초간 데쳐 물기를 살짝 짠다.

> 깻잎 안쪽에 밥을 올려야 선명한 초록 쌈밥이 돼요.

4 깻잎을 펼치고 된장밥을 조금씩 올려 돌돌 말아 감싼 후 아몬드를 올린다.

Recipe 15.

하루숙성연어덮밥

연어는 회로 먹어도 맛있지만 간장에 재워 연어장을 만들어도 별미예요.
만드는 법도 간단한 편이라서 꼭 만들어보길 추천해요. 단, 만든 후 3일 이내에 먹어야 하니
먹을 만큼 만들어 냉장 보관해요. 따뜻한 밥과 함께 맛있게 완밥하세요.

Ingredients

- 곤약현미밥 100g
- 연어횟감 200g
- 양파 1/2개
- 청양고추 2개
- 달걀노른자 1개
- 무순 약간
- 통깨 약간

양념장

- 물 150ml
- 간장 7큰술
- 맛술 2큰술
- 레몬즙 0.5큰술
- 알룰로스 2큰술
- 통깨 약간

How to

1 연어는 한입 크기로 썰고, 양파는 작은 한입 크기로 썰고, 고추는 얇게 송송 썬다.

2 밀폐용기에 양념장 재료를 넣고 잘 섞는다.

3 양념장에 연어, 양파, 고추를 넣고 밀폐한 후 최소 6시간, 최대 24시간 동안 냉장 보관해 숙성한다.

4 그릇에 밥을 담고 숙성한 연어장, 노른자, 무순을 올려 통깨를 뿌린다.

Recipe 16.

토마토볶음밥

토마토볶음밥은 한 번 만들어 먹고 나면 자주 해 먹게 되는 음식이에요.
토마토달걀볶음에 밥을 넣어 볶아 더 든든하게 즐길 수 있죠. 그냥 먹어도 좋지만
토마토를 그릇으로 활용해 장식하면 먹는 내내 기분까지 좋아져요.
비타민과 무기질 공급원이자 세계 10대 슈퍼푸드인 토마토로 슈퍼 볶음밥을 만들어봐요.

Ingredients

- 곤약현미밥 100g
- 토마토 1개
- 대파 1/8대
- 달걀 2개
- 슬라이스치즈 1장
- 다진 마늘 0.3큰술
- 굴소스 0.5큰술
- 파슬리가루 약간
- 올리브유 1큰술

How to

> 토마토 뚜껑, 파낸 과육, 속이 빈 토마토 그릇을 모두 사용할 거예요.

1 토마토는 꼭지 부분을 뚜껑처럼 잘라 속을 파내고, 대파는 다진다.

2 달군 팬에 올리브유를 두르고 다진 대파, 다진 마늘을 넣고 볶는다.

3 파낸 토마토 속 과육을 넣고 달걀을 깨 넣은 후 달걀이 익을 때까지 재빨리 섞어가며 볶다가 밥, 굴소스를 넣어 볶는다.

4 속을 파낸 토마토 그릇 안에 볶음밥을 들어갈 만큼만 채운다.

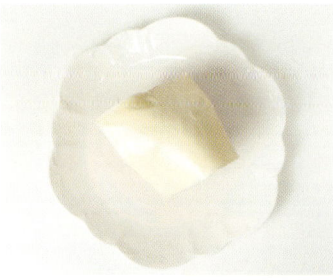

5 토마토 그릇 위에 치즈를 올리고 전자레인지로 20초간 가열한다.

6 접시에 남은 볶음밥을 넓게 펼쳐 담고 토마토그릇, 뚜껑을 올린 후 파슬리가루를 뿌린다.

새우토스트

닭가슴살소시지샌드위치

에그구마샌드위치

대파베이컨그릭베이글

오리고기샌드위치

말차그릭토스트

불고기사과샌드위치

오이양파토스트

블루베리그릭베이글

대파달걀토스트

바질토마토파니니

두부텐더샌드위치

파인애플식빵피자

닭가슴살리코타샌드위치

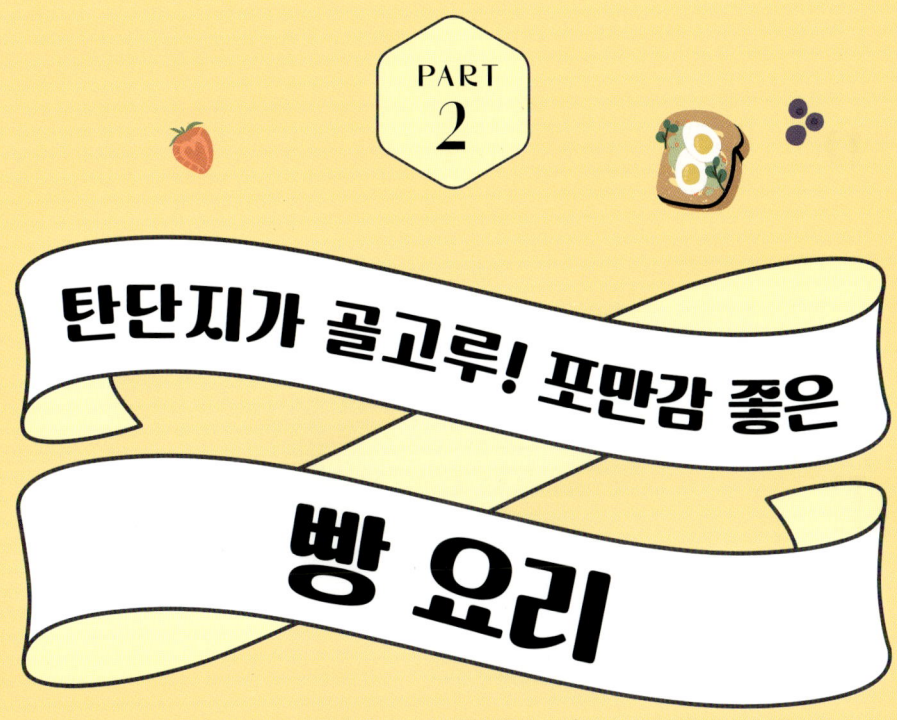

PART 2

탄단지가 골고루! 포만감 좋은

빵 요리

Recipe 17.

새우토스트

건강한 탄수화물인 통밀식빵에 단백질이 듬뿍 든 새우와 달걀을 넣어 노릇노릇하게 구운 토스트예요. 하지만 이렇게 먹는다면 맛이 너무 밋밋하잖아요? 오이와 양파, 케첩으로 맛과 영양의 빈 곳을 촘촘히 채웠어요. 좋아하는 채소를 곁들이거나 소스를 달리해 먹어도 좋아요.

Ingredients

- 통밀식빵 1장
- 냉동새우 3마리
- 양파 1/5개
- 오이 1/5개
- 달걀 1개
- 슬라이스치즈 1장
- 저칼로리케첩 1큰술
- 파슬리가루 약간
- 올리브유 1큰술

How to

1. 새우는 해동해 잘게 다지고, 양파, 오이는 잘게 다지고, 달걀은 잘 푼다.

2. 식빵 가장자리를 1cm 정도 남긴 후 안쪽 빵을 도려낸다.

3. 약불로 달군 팬에 올리브유를 두르고 식빵 가장자리를 올린 후 식빵 빈 곳에 새우를 평평하게 얹고 달걀물을 붓는다.

4. 오이, 양파, 케첩을 잘 섞어 달걀물 위에 펼쳐 올린다.

달걀이 절반 이상 익으면 식빵이 찢어지지 않게 뒤집개를 사용해 뒤집어요.

5. 치즈를 올려 살짝 눌러주고, 약불에서 달걀이 잘 익을 때까지 앞뒤로 노릇하게 구워 파슬리가루를 뿌린다.

tip
오이에 씨가 많거나 물기가 많을 때는 오이 속을 파내고 사용하면 수분을 줄일 수 있어요.

Recipe 18.

닭가슴살소시지샌드위치

식단 관리할 때 언제나 냉동실에 있는 재료 중 하나인 닭가슴살소시지.
그냥 먹는 게 질렸다면 통밀식빵에 채소와 소시지를 넣고 탄단지 샌드위치를
만들어봐요. 먹음직스러운 만듦새에 뿌듯할 뿐만 아니라 맛에 한 번 더 반할 거예요.

Ingredients

- 통밀식빵 2장
- 닭가슴살소시지 2개
- 토마토 1/4개
  (슬라이스 2개)
- 청상추 3장
- 다진 양파 1큰술
- 다진 오이 1큰술
- 저칼로리케첩 1큰술

How to

1 식빵은 노릇하게 굽고, 토마토는 둥글고 얇게 썰고, 소시지는 길게 반 갈라 4조각을 만든다.

2 다진 양파, 다진 오이, 케첩을 잘 섞어 소스를 만든다.

3 유산지를 깔고 식빵 1장을 올려 소스를 펴 바른다.

4 토마토-소시지-상추-식빵 1장 순으로 올려 포장 후 2등분한다.

Recipe 19.

에그구마샌드위치

삶은 고구마와 삶은 달걀을 으깨어 만든 촉촉하고 부드러운 속 재료에 삶은 달걀 하나를
통째로 넣어 만든 귀여운 샌드위치예요. 달콤하면서도 포만감이 높은 편이라
끼니에 절반씩 나눠 먹길 추천해요. 달콤하고 든든한 식단이 필요할 때 만들어보세요.

Ingredients

How to

- 통밀식빵 2장
- 청상추 3장
- 슬라이스치즈 1장

에그구마

- 삶은 달걀 2개
- 삶은 고구마 1개
- 후춧가루 약간

1 식빵은 노릇하게 굽고, 에그구마 재료는 껍질을 벗겨 모두 섞은 후 포크로 잘 으깬다.

2 유산지를 깔고 식빵 1장 위에 에그구마 1/2 분량을 올리고, 가운데에 홈을 만들어 삶은 달걀 1개를 통째로 올린다.

3 남은 에그구마를 달걀 주변에 올려 평평하게 채운다.

4 상추-치즈-식빵 1장 순으로 올려 포장 후 2등분한다.

Recipe 20.

대파베이컨그릭베이글

인기 메뉴인 대파베이컨크림치즈베이글을 다이어트 식단으로 만들어봤어요.
크림치즈 대신 그릭요거트를, 일반 베이글 대신 통밀베이글을 사용하면 맛있고 건강한 한 끼가
완성돼요. 한입 가득 베어 물고 향긋한 대파와 짭짤한 베이컨, 차진 그릭요거트의 맛을 음미해보세요.

Ingredients

- 통밀오트베이글 1개
- 저염베이컨 2줄
- 대파 1/5대(초록 부분)
- 그릭요거트 1스쿱(50g)
- 소금 약간
- 후춧가루 약간

How to

구운 베이컨은 키친타월 위에 올려 기름을 제거해요.

1 대파, 베이컨은 잘게 썰고, 달군 팬에 베이컨을 넣고 노릇해질 때까지 굽는다.

2 그릇에 구운 베이컨, 대파, 그릭요거트, 소금, 후춧가루를 넣고 잘 섞는다.

에어프라이어나 토스터, 마른 프라이팬을 사용해 구워요.

3 베이글은 가로로 반 갈라 2등분해 노릇하게 굽는다.

4 베이글 한쪽 면에 섞은 요거트를 퍼 바르고 나머지 베이글로 덮는다.

그릭요거트로 속을 채운 베이글은 바로 먹기보다 만든 후 10분간 냉장 보관 후에 먹는 것을 추천해요. 베이글이 그릭요거트의 수분을 흡수해서 더 쫄깃해지거든요. 단, 오래 두면 물이 생기니 주의하세요.

Recipe 21.

오리고기샌드위치

저의 다이어트 식단 중 후기가 가장 많은 인기 샌드위치를 소개해요.
통밀식빵 사이에 자주 먹는 닭가슴살 대신 오리슬라이스를 끼우고, 청량한 채소와 함께
달콤, 고소, 새콤한 소스를 넣으면 누구나 감탄하며 먹는 인생 샌드위치가 완성됩니다.

Ingredients

- 통밀식빵 2장
- 훈제오리슬라이스 4장
- 달걀 1개
- 청상추 3장
- 슬라이스치즈 1장
- 올리브유 1큰술

양파소스

- 다진 양파 1큰술
- 식초 0.5큰술
- 저칼로리마요네즈 1큰술
- 알룰로스 0.5큰술

How to

1 식빵은 노릇하게 굽고, 양파소스 재료는 잘 섞는다.

2 달걀은 잘 풀고, 달군 팬에 올리브유를 두르고 달걀물을 부어 식빵 크기의 지단을 만든다.

3 달군 팬에 오리고기를 앞뒤로 노릇하게 굽는다.

4 유산지를 깔고 식빵 1장 위에 양파소스를 펴 바른다.

5 상추-오리고기-지단-치즈-식빵 1장 순으로 올려 포장 후 2등분한다.

Recipe 22.

말차그릭토스트

고소한 호밀빵 위에 쌉싸름한 말차가루를 섞은 그릭요거트를 올리고,
톡톡 터지는 블루베리와 오도독오도독 씹히는 맛이 좋은 바삭한 아몬드까지 토핑!
상상만 해도 맛있는 조합이죠? 커피와 함께 브런치로 즐겨보세요.

Ingredients How to

- 호밀빵 1조각(20~25g)
- 그릭요거트 1스쿱(50g)
- 말차가루 0.3큰술
- 알룰로스 0.3큰술
- 블루베리 9개
- 아몬드 6개

1 그릭요거트, 말차가루, 알룰로스를 잘 섞어 말차그릭요거트를 만든다.

2 호밀빵을 노릇하게 굽는다.

3 호밀빵 위에 말차그릭요거트를 두툼하게 펴 바른 후 블루베리, 아몬드를 토핑한다.

일반 녹차가루는 물에 타 먹는 용도로 나오기 때문에 음식에 넣으면 쓴맛이 강해요. 요리에 사용할 때는 베이킹용 말차가루나 말차파우더를 사용하세요.

탄단지 식단 tip
삶은 달걀이나 단백질셰이크를 곁들여 단백질을 보충해요.

Recipe 25.

불고기사과샌드위치

빵도 먹고 싶은데 한식도 먹고 싶다면 불고기샌드위치를 만들어보세요. 짭짤한 불고기와
새콤달콤한 사과의 조합은 샌드위치 재료로도 제격이거든요. 아삭하게 씹히는 청상추와
단짠단짠한 맛의 재료가 잘 어우러질뿐만 아니라 단백질인 돼지고기가 듬뿍 들어가 포만감도 좋아요.

Ingredients

- 통밀식빵 2장
- 돼지고기 150g(앞다릿살)
- 사과 1/3개
- 청상추 3장
- 슬라이스치즈 1장
- 홀그레인머스터드 0.3큰술

고기양념

- 다진 마늘 0.5큰술
- 간장 1큰술
- 맛술 1큰술
- 알룰로스 1큰술
- 후춧가루 약간

How to

1 돼지고기에 고기양념 재료를 넣어 5분간 재우고, 식빵은 노릇하게 굽고, 사과는 반달 모양으로 얇게 썬다.

2 달군 팬에 돼지고기를 넣어 노릇하게 구워 식힌다.

3 유산지를 깔고 식빵 1장 위에 머스터드를 펴 바른다.

4 상추-불고기-사과-치즈-식빵 1장 순으로 올려 포장 후 2등분한다.

Recipe 24.

오이양파토스트

오이와 양파의 아삭한 식감과 시원한 맛 덕분에 한입 베어 무는 순간,
여름이 떠오르는 싱그러운 토스트예요. 간단한 재료만으로 만들지만
묘하게 계속 먹게 되는 매력적인 맛이라 요리를 처음하는 분들에게도 강력 추천해요.

Ingredients

- 통밀식빵 1장
- 오이 1/5개
- 양파 1/5개
- 달걀 1개
- 슬라이스치즈 1장
- 저칼로리케첩 1큰술
- 파슬리가루 약간
- 올리브유 1큰술

How to

1 식빵은 노릇하게 굽고, 오이, 양파는 잘게 다진다.

2 달걀은 잘 풀고, 달군 팬에 올리브유를 두르고 달걀물을 부어 식빵 크기의 지단을 만든다.

3 오이, 양파, 케첩을 잘 섞어 오이양파소스를 만든다.

4 식빵 위에 지단-치즈-오이양파소스 순으로 올려 파슬리가루를 뿌린다.

Recipe 25.
블루베리그릭베이글

가끔 크림이 가득 들어 있는 쫀득쫀득한 베이글이 당기지 않나요?
그럴 땐 고소한 베이글 사이에 새콤달콤하고 꾸덕꾸덕한 블루베리그릭요거트를 넣어
한입 가득 즐겨보세요. 주말 아침 여유를 만끽하고 싶을 때 커피에 곁들이면 딱이에요.

Ingredients How to

- 통밀오트베이글 1개
- 그릭요거트 1스쿱(50g)
- 냉동블루베리 2큰술(30g)
- 알룰로스 1큰술

1 베이글은 가로로 반 갈라 2등분해 노릇하게 굽는다.

2 블루베리, 그릭요거트, 알룰로스를 잘 섞어 블루베리그릭요거트를 만든다.

3 베이글 한 쪽 면에 섞은 그릭요거트를 펴 바르고 나머지 베이글로 덮는다.

Recipe 26.

대파달걀토스트

다이어터 냉장고의 필수 재료 달걀로 초간단 요리를 만들어볼 거예요. 대파 넣은
달걀물을 노릇하게 구워 식빵 사이에 끼우고, 케첩과 스테비아를 뿌리면 새콤달콤 길거리 토스트가
다이어트 토스트로 변신해요. 닭가슴살이나 베이컨 등 원하는 재료를 추가해도 좋아요.

| Ingredients | How to |

- 통밀식빵 1장
- 대파 1/5대(초록 부분)
- 달걀 1개
- 슬라이스치즈 1장
- 스테비아 2g(한 꼬집)
- 저칼로리케첩 1큰술
- 파슬리가루 약간
- 올리브유 1큰술

1 식빵은 노릇하게 굽고, 대파는 잘게 썬다.

2 달걀은 잘 풀어 대파를 섞고, 달군 팬에 올리브유를 두르고 달걀물을 부어 식빵 크기의 지단을 만든다.

3 식빵 위에 치즈-지단 순으로 올린 후 스테비아, 케첩, 파슬리가루를 뿌린다.

Recipe 27.

바질토마토파니니

바질토마토파니니는 재료와 조리법이 간단한 데 비해 만족감이 큰 메뉴예요.
빵에 페스토를 바르고 토마토와 치즈를 끼워 그릴로 눌러주면 근사한 핫샌드위치가 되거든요.
따뜻한 커피와 함께 다이어트 중에도 홈카페 분위기를 즐겨보세요.

| Ingredients | How to |

- 통밀식빵 2장
- 토마토 1/4개
- 슬라이스치즈 1장
- 바질페스토 0.3큰술

1 토마토는 얇게 썰어 3조각을 만든다.

2 식빵은 노릇하게 굽는다.

> 그릴이 없다면 달군 팬에 샌드위치를 넣고 무거운 것으로 꾹 눌러가며 앞뒤로 노릇하게 구워요.

3 식빵 1장 위에 바질페스토를 바르고 토마토-치즈-식빵 1장 순으로 올린다.

4 파니니그릴에 샌드위치를 넣고 뚜껑을 눌러 닫아 가열한 후 2등분한다.

Recipe 28.

두부텐더샌드위치

두부를 가공해 만든 대체육 두부텐더는 겉은 바삭하고 속은 쫄깃하면서도 부드러워 다이어트 중
튀긴 음식이 먹고 싶을 때 활용하기 좋아요. 샐러드에 토핑하거나 샌드위치에 넣어도 잘 어울리죠.
양배추가 듬뿍 들어가 포만감 좋은 샌드위치로 건강한 채식 식단을 실천해봐요.

Ingredients

- 통밀식빵 2장
- 짧은 두부텐더 6개
  (긴 텐더는 3개)
- 양배추 50g
- 저칼로리케첩 0.5큰술
- 저칼로리마요네즈 0.5큰술

How to

1 에어프라이어 180℃에서 두부텐더를 15분간 굽는다.

2 양배추는 채 썰어 식초 1큰술을 넣은 물에 10분간 담갔다 헹궈 물기를 제거한다.

3 양배추에 케첩, 마요네즈를 넣고 잘 섞는다.

식빵 위에 텐더를 빈틈없이 올려주세요.

4 식빵은 노릇하게 굽고, 식빵 1장 위에 두부텐더-양배추-식빵 1장을 올려 포장 후 2등분한다.

 tip

식물성 대체육 두부텐더는 두부에 결을 만들어 닭고기처럼 쫄깃하게 씹히는 식감을 구현한 제품이에요. 한 봉 안에 길고 짧은 텐더가 섞여 있으니 식빵을 덮을 만큼 양을 조절해 사용해요.

Recipe 29.

파인애플식빵피자

호불호 갈린다는 파인애플피자. 여러분은 어느 쪽인가요? 저는 파인애플피자를 너무 좋아해서
식빵 1조각으로 집에서도 만들어 먹어요. 통밀식빵, 저염베이컨, 치즈 등
다이어트 재료를 가지고 누구의 눈치도 보지 말고 맛있는 피자를 만들어 즐겨보세요.

Ingredients

- 통밀식빵 1장
- 파인애플 50g
  (혹은 파인애플통조림)
- 저염베이컨 1줄
- 양파 1/8개
- 토마토퓌레 1큰술
- 피자치즈 30g
- 파슬리가루 약간
- 올리브유 0.5큰술

How to

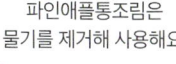
파인애플통조림은 물기를 제거해 사용해요.

1 파인애플은 한입 크기로 썰고, 베이컨, 양파는 굵게 다진다.

2 달군 팬에 베이컨을 노릇하게 구워 덜어둔다.

3 달군 팬에 올리브유를 두르고 양파를 노릇하게 볶다가 토마토퓌레를 넣고 살짝 볶아 불을 끈다.

4 식빵은 노릇하게 굽는다.

5 식빵에 볶은 토마토소스-베이컨-파인애플-피자치즈 순으로 올려 전자레인지로 1분간 가열한 후 파슬리가루를 뿌린다.

Recipe 30.

닭가슴살리코타샌드위치

샌드위치를 먹고 나면 배가 금방 꺼진다고 생각했던 분들에게 이 샌드위치를 추천해요.
좋은 탄수화물인 통밀식빵 사이에 닭가슴살이 통째로 들어간 데다 크리미한 리코타치즈와
신선한 채소까지 더해 한입 한입 풍성한 맛이 정말 좋아요. 든든한 도시락 메뉴로도 활용하세요.

Ingredients | How to

- 통밀식빵 2장
- 완조리닭가슴살 100g
- 토마토 1/2개
- 양상추 15g
- 리코타치즈 50g
- 발사믹소스 0.5큰술
  (폰타나발사믹글레이즈)

1 식빵은 노릇하게 굽는다.

2 토마토는 둥글게 4조각으로 썰고, 양상추는 큼직하게 뜯는다.

3 유산지를 깔고 식빵 1장 위에 리코타치즈를 펴 바른다.

닭가슴살이 두꺼우면 반으로 저며서 사용해도 좋아요.

4 양상추-토마토-닭가슴살- 발사믹소스-식빵 1장 순으로 올려 포장 후 2등분한다.

소고기파스타샐러드

목살된장국수

시금치베이컨파스타

달걀말이메밀김밥

묵은지간장국수

순두부달걀국수

매콤참치비빔면

미역국수물냉면

버섯된장파스타

달걀카레두부면

두부면고추장크림파스타

연어비빔국수

아보카도비프메밀국수

토마토파스타

PART 3

부담 없이 먹을 수 있는

면 요리

Recipe 31.

소고기파스타샐러드

조은 레시피 중 많은 분들의 인기에 힘입어 밀키트 출시까지 이어졌던 검증된 메뉴예요.
통밀파스타에 소고기와 양상추, 토마토까지 푸짐하게 들어 있어 탄단지는 물론, 비타민과
무기질도 풍부해요. 파티 요리나 손님 초대 요리로도 좋으니 듬뿍 만들어 좋은 사람들과 함께 나눠요.

Ingredients

- 통밀스파게티 55g
- 소고기 120g(부챗살)
- 양상추 50g
- 토마토 1/3개
- 소금 약간
- 후춧가루 약간
- 올리브유 2큰술

소스

- 다진 양파 3큰술
- 간장 1큰술
- 식초 1큰술
- 맛술 0.5큰술
- 알룰로스 0.5큰술

How to

소스 재료는 잘 섞어요.

1 소고기는 소금, 후춧가루, 올리브유를 뿌려 10분간 재우고, 양상추는 먹기 좋게 뜯고, 토마토는 둥글고 얇게 썬다.

구워두었다가 파스타를 삶은 후 고기를 썰면 따뜻하게 먹을 수 있어요.

2 달군 팬에 소고기를 올려 취향에 따라 앞뒷면을 익힌 후 얇게 썬다.

3 끓는 물에 스파게티를 넣고 10분간 삶는다.

4 그릇에 양상추를 펼쳐 담고 스파게티, 소고기, 토마토를 올린 후 소스를 뿌려 섞어 먹는다.

- 양상추 대신 좋아하는 잎채소를 넣어도 맛있어요.
- 스파게티는 익힌 후 물기만 제거해 사용해요. 절대 찬물로 헹구지 마세요!

Recipe 32.

목살된장국수

따뜻한 국물과 국수가 함께 먹고 싶은 날에는 목살된장국수를 만들어보세요.
된장을 많이 넣지 않고 담백하게 만들어서 김치와 함께 먹으면 정말 잘 어울려요.
매끄러운 현미소면과 보들보들하게 익은 대패목살을 함께 먹으면 속이 훈훈해져요.

Ingredients

- 현미쌀소면 50g
- 돼지대패목살 120g
- 대파 1/5대
- 맛술 2큰술
- 물 300ml
- 된장 1큰술

How to

1 끓는 물에 목살, 맛술을 넣고 고기가 완전히 익을 때까지 데쳐 건져둔다.

2 냄비를 헹귀 물, 된장을 넣은 후 끓어오르면 데친 목살을 넣고 강불에서 2분간 끓여 목살된장국을 만든다.

3 끓는 물에 소면을 넣고 4분간 삶아 체에 밭쳐 물기를 뺀다.

4 그릇에 소면을 담고 된장국을 부은 후 대파를 썰어 올린다.

tip

다이어트 중에 소면으로 만든 요리를 먹고 싶다면 밀가루 없이 현미 60%, 쌀 33%만으로 만들어진 현미쌀소면을 사용해요. 글루텐프리 제품이지만 탄수화물 재료이니 꼭 적정량을 지켜서 먹어요.

Recipe 35.

시금치베이컨파스타

다이어트할 때 먹을 수 있는 건강한 파스타를 소개해요. 일반 파스타 대신
통밀파스타를 사용해 좋은 탄수화물을 채우고, 시금치로 비타민과 칼륨을,
베이컨으로 단백질을 보충한 뒤 간장으로 간하면 끝! 간단하지만 정말 맛있으니 꼭 도전해보세요.

Ingredients

- 통밀스파게티 50g
- 시금치 2포기
- 저염베이컨 1줄
- 양파 1/4개
- 다진 마늘 0.5큰술
- 간장 2큰술
- 면수 50~60ml(1국자)
- 파르메산치즈가루 약간
- 올리브유 1큰술

How to

1 시금치는 밑동을 제거하고, 베이컨은 작은 한입 크기로 썰고, 양파는 채 썬다.

2 끓는 물에 스파게티를 넣어 10분간 삶고, 면수를 남겨둔다.

3 달군 팬에 올리브유를 두르고 베이컨, 양파, 다진 마늘을 넣고 볶는다.

4 양파가 익으면 스파게티, 시금치를 넣어 볶는다.

> 간장은 기호에 따라 적당히 넣고, 마지막에 간을 보고 짭짤하면 치즈가루는 생략해요.

5 간장, 면수를 넣어 시금치가 숨이 죽을 때까지 볶아 그릇에 담은 후 치즈가루를 뿌린다.

Recipe 34.

달걀말이메밀김밥

한창 인기 있는 메뉴인 메밀김밥을 집에서 만들어볼까요? 밥 대신 메밀면을 넣고 달걀말이와 오이를 더해 통통한 김밥을 말아주세요. 재료에 따로 간을 하지 않았지만, 매콤한 스리라차소스와 크리미한 마요네즈를 곁들이면 맛있게 먹을 수 있어요.

Ingredients

- 메밀면 50g
- 김밥김 1장
- 달걀 2개
- 오이 1/3개
- 스리라차소스 0.3큰술
- 저칼로리마요네즈 0.3큰술

How to

1 끓는 물에 메밀면을 넣고 4분간 삶아 찬물에 여러 번 헹군 후 체에 밭쳐 물기를 뺀다.

2 달걀은 잘 풀고, 달군 팬에 올리브유를 둘러 달걀말이를 만든 후 충분히 식혀 길게 2등분한다.

> 소스를 섞지 않으면 단일 맛과 섞은 맛까지 세 가지 맛을 모두 즐길 수 있어요.

3 오이는 가늘게 채 썬다.

4 김 위에 메밀면을 펴 올리고 달걀말이-오이 순으로 올려 김밥을 말고, 스리라차소스, 마요네즈를 곁들인다.

밥 대신 메밀면을 사용한 김밥은 메밀면의 물기를 최대한 제거하는 것이 중요해요. 삶아서 찬물에 여러 번 헹군 메밀면을 체에 밭쳐 충분히 물기를 제거한 후 사용하세요.

Recipe 35.

묵은지간장국수

너무 익어서 그냥 먹기 힘든 김치가 있다면 양념을 물에 헹궈서 국수 토핑으로 올려보세요.
차가운 메밀면에 채 썬 호박과 달걀지단을 곁들이고 시원하고 톡 쏘는 묵은지도 함께 올려요.
새콤하고 짭짤한 간장양념에 비벼 먹으면 담백하면서도 상큼한 맛에 기분까지 좋아져요.

Ingredients

- 메밀면 50g
- 묵은지 30g
- 애호박 1/7개
- 달걀 1개
- 통깨 약간
- 올리브유 1큰술

양념

- 간장 1큰술
- 식초 0.5큰술
- 참기름 1큰술
- 알룰로스 0.5큰술

How to

1 묵은지는 씻어 물기를 꼭 짜 채 썰고, 호박은 묵은지와 비슷한 크기로 채 썬다.

2 끓는 물에 메밀면을 넣고 3분간 삶다가 호박을 넣어 1분간 더 삶은 후 찬물에 여러 번 헹궈 물기를 뺀다.

3 달걀은 잘 풀고, 달군 팬에 올리브유를 두르고 달걀물을 부어 지단을 만든 후 채 썬다.

4 볼에 양념 재료를 넣어 잘 섞고, 메밀면, 호박을 넣어 버무린다.

- 호박 대신 양파, 당근, 버섯 등 자투리 채소를 사용해도 좋아요.
- 묵은지를 씻어서 사용하지만 배추에 양념이 배어 있어 깔끔하면서도 상큼하게 톡 쏘는 맛을 즐길 수 있어요.

5 그릇에 국수를 담고 묵은지, 지단을 올린 후 통깨를 뿌린다.

Recipe 36.

순두부달걀국수

보들보들한 순두부와 달걀을 넣어 단백질이 듬뿍 담긴 따뜻한 국수를 완성했어요.
현미소면을 사용해 몸에 에너지를 내주는 건강한 탄수화물도 든든히 챙겼답니다.
비가 오거나 따뜻한 국물 요리가 먹고 싶은 날, 꼭 만들어보세요. 만드는 법도 정말 간단해요.

Ingredients

- 현미쌀소면 50g
- 순두부 1/2개(200g)
- 달걀 2개
- 멸치육수팩 1개
- 물 500ml
- 통깨 약간

양념

- 다진 대파 1큰술
- 다진 양파 1큰술
- 고춧가루 0.5큰술
- 간장 1.5큰술
- 참치액 0.5큰술
- 참기름 1큰술

How to

1 냄비에 물, 육수팩을 넣고 약불에서 15분간 끓여 육수팩을 제거한다.

2 끓는 물에 소면을 넣고 4분간 삶아 헹군 후 체에 밭쳐 물기를 제거한다.

3 양념 재료는 잘 섞는다.

4 육수를 강불로 끓인 후 달걀을 잘 풀어 육수에 둘러 붓고, 순두부를 통째로 넣어 2분간 끓인다.

5 그릇에 소면을 담고 달걀국을 부은 후 양념을 올리고 통깨를 뿌린다.

Recipe 37.

매콤참치비빔면

무더운 여름, 매콤하고 새콤한 국수가 생각난다면 소면 대신 메밀면으로
비빔면을 만들어봐요. 시원한 메밀면에 아삭한 채소, 단백질을 채워주는 참치를 곁들여
양념에 조물조물 버무리면 눈 깜짝할 사이에 만들어서 후루룩 먹을 수 있는 맛국수 완성!
비빔면을 좋아한다면 양념을 미리 많이 만들어 냉장 보관하면 편리해요.

Ingredients

- 메밀면 60g
- 참치통조림 1/2개(50g)
- 양배추 25g
- 청상추 2장
- 양파 1/6개
- 통깨 약간

양념

- 다진 마늘 0.3큰술
- 고추장 0.5큰술
- 간장 1큰술
- 식초 0.5큰술
- 참기름 1큰술
- 알룰로스 0.5큰술

How to

> 양파는 찬물에 5~10분간 담가 매운맛을 뺀 후 물기를 제거해요.

1 참치는 기름을 제거하고, 양배추, 상추, 양파는 가늘게 채 썬다.

2 양념 재료는 잘 섞는다.

> 참치는 약간 덜어두었다가 토핑으로 올려도 좋아요.

3 끓는 물에 메밀면을 넣고 4분간 삶아 찬물에 여러 번 헹군 후 물기를 제거한다.

4 그릇에 면, 참치, 양배추, 상추, 양파, 양념을 넣고 버무린 후 통깨를 뿌린다.

Recipe 38.

미역국수물냉면

칼로리가 낮고 식이섬유가 풍부한 미역국수로 만드는 초간단 다이어트식이에요.
미역국수는 특유의 식감이나 향 때문에 호불호가 갈리지만, 시원하고 톡 쏘는 동치미 육수가
국수의 단점을 커버해줘요. 물냉면에 닭가슴살을 곁들여 먹어도 잘 어울려요.

Ingredients

- 미역국수 1봉
  (혹은 다시마국수)
- 얼린 동치미냉면육수 1개
- 오이 1/4개
- 양파 1/8개
- 삶은 달걀 1개
- 통깨 약간

냉면양념

- 고춧가루 1큰술
- 간장 1큰술
- 식초 1큰술
- 맛술 0.5큰술
- 참기름 0.5큰술
- 알룰로스 0.5큰술

How to

1 오이, 양파는 가늘게 채 썰고, 삶은 달걀은 2등분하고, 얼린 냉면육수는 살짝 녹여 조각낸다.

2 미역국수는 흐르는 물에 가볍게 헹궈 물기를 제거하고 냉면 그릇에 담는다.

3 냉면양념은 잘 섞고, 미역국수에 양념을 넣어 골고루 버무린다.

4 국수 위에 오이, 양파, 달걀을 올리고 조각낸 냉면육수를 담아 통깨를 뿌린다.

Recipe 39.
버섯된장파스타

탱글탱글한 버섯에 구수한 된장을 넣고 한국식 파스타를 만들어봤어요.
된장과 파스타라는 생소한 조합 때문에 맛이 낯설지 않을까 염려될 수 있지만,
한입 먹어보면 익숙한 듯 새로운 맛에 반할 거예요. 한식과 양식의 조화로운 한 그릇을 경험해보세요.

| Ingredients | How to |

- 통밀스파게티 50g
- 저염베이컨 2줄
- 새송이버섯 1개
- 양파 1/4개
- 다진 마늘 0.5큰술
- 면수 100ml
- 페페론치노 3~4개
- 된장 0.5큰술
- 파슬리가루 약간
- 올리브유 1큰술

1 베이컨, 버섯은 작은 한입 크기로 썰고, 양파는 채 썬다.

2 끓는 물에 스파게티를 넣어 10분간 삶고, 면수를 남겨둔다.

3 달군 팬에 올리브유를 두르고 베이컨, 양파, 다진 마늘을 넣고 볶는다.

페페론치노는 큼직하게 부수어 넣어요.

4 양파가 익으면 면수, 버섯, 페페론치노, 된장을 넣고 된장이 풀어질 때까지 섞는다.

5 스파게티를 넣고 재료가 충분히 어우러질 때까지 볶아 파슬리가루를 뿌린다.

Recipe 40.
달걀카레두부면

내 몸에 단백질을 빵빵하게 채우겠다고 마음먹은 날엔 이 메뉴에 도전해봐요.
두부면과 달걀로 완성한 단백질 식단이라 특히 운동 후에 먹기 좋아요.
간혹 두부면 특유의 향이 신경 쓰였던 분도 진한 카레와 함께라면 맛있게 먹을 수 있을 거예요.

Ingredients

- 두부면 1팩(100g, 넓은 면)
- 달걀 2개
- 양파 1/6개
- 고형카레 1조각
- 물 150ml
- 파슬리가루 약간
- 올리브유 2큰술

How to

1 달걀은 끓는 물에 넣고 10분간 삶아 껍질을 벗기고, 양파는 채 썰고, 두부면은 물기를 뺀다.

2 달군 팬에 올리브유 1큰술을 두르고 삶은 달걀을 올려 흰자가 노릇해질 때까지 구워 덜어둔다.

3 같은 팬에 올리브유 1큰술을 두르고 양파를 볶는다.

4 양파가 투명하게 익으면 물, 고형카레를 넣고 2분간 끓인다.

5 두부면, 달걀을 넣고 원하는 농도가 될 때까지 섞어가며 끓인 후 파슬리가루를 뿌린다.

Recipe 41.

두부면고추장크림파스타

크리미한 파스타에 매운맛을 첨가한 K-파스타. 이 맛을 그리워하는 분들, 많으시죠?
우유와 치즈가 만들어내는 녹진한 맛에 한국인이 좋아하는 고추장을 더하면
익숙한 듯 새로운 매콤소스 완성! 스파게티 대신 두부면을 더해 단백질을 보충하세요.

Ingredients

- 두부면 1팩(100g)
- 양파 1/4개
- 저염베이컨 1줄
- 슬라이스치즈 1장
- 우유 100ml
- 다진 마늘 0.5큰술
- 저당고추장 0.5큰술
- 파슬리가루 약간
- 올리브유 1큰술

How to

1 두부면은 물로 헹궈 물기를 빼고, 양파는 채 썰고, 베이컨은 작은 한입 크기로 썬다.

2 달군 팬에 올리브유를 두르고 양파, 베이컨, 다진 마늘을 넣고 볶는다.

두부면은 넓은 면과 얇은 면 중 취향 따라 선택해요.

3 양파가 노릇해지면 우유, 고추장을 넣고 고추장을 풀어가며 끓이다가 두부면을 넣고 섞는다.

4 치즈를 넣고 저어가며 끓여 원하는 농도를 만들고 파슬리가루를 뿌린다.

Recipe 42.

연어비빔국수

연어로 만든 국수를 아시나요? 직접 연어 횟감을 길게 썰어서 만들어도 되지만,
저는 마켓컬리에서 판매하는 시판 연어국수를 사용했어요. 면 대신 연어국수를 넣었더니
한입을 꽉 채우는 만족감이 정말 커요. 연어 러버라면 꼭 만들어보세요.

Ingredients | How to

- 연어국수 1팩(150g)
- 달걀 1개
- 청상추 4장
- 양파 1/6개
- 통깨 약간

양념장

- 고춧가루 0.5큰술
- 다진 마늘 0.3큰술
- 간장 1큰술
- 식초 1큰술
- 맛술 1큰술
- 참기름 0.5큰술
- 알룰로스 1큰술

1 달걀은 끓는 물에 넣고 10분간 삶아 껍질을 벗긴 후 2등분한다.

2 상추는 연어 굵기로 채 썰고, 양파는 가늘게 채 썰어 찬물에 5~10분간 담가 매운맛을 뺀 후 물기를 제거한다.

3 양념장 재료는 잘 섞는다.

4 그릇에 연어국수, 상추, 양파, 양념장을 넣고 버무려 달걀을 올린 후 통깨를 뿌린다.

시판 연어국수 대신 연어횟감을 길게 썰어서 사용해도 좋아요.

Recipe 45.

아보카도비프메밀국수

여름에 정말 잘 어울리는 국수 레시피를 소개해요. 무더운 날씨에 고생한 나를 위해
소고기로 단백질을 보충하고, 아보카도로 건강한 지방을 채운 탄단지 국수예요.
상큼한 토마토와 감칠맛을 끌어올려주는 소스가 어우러져 누구나 맛있게 먹을 수 있어요.

Ingredients

- 메밀면 50g
- 소고기 120g(부챗살)
- 아보카도 1/2개
- 토마토 1/4개
- 달걀노른자 1개
- 소금 약간
- 후춧가루 약간
- 올리브유 2큰술

소스

- 다진 마늘 0.3큰술
- 간장 1큰술
- 맛술 1큰술
- 식초 0.5큰술
- 알룰로스 0.5큰술

How to

1 소고기는 소금, 후춧가루, 올리브유를 뿌려 10분간 재우고, 아보카도, 토마토는 얇게 썬다.

2 소스 재료는 잘 섞는다.

> 구워두었다가 메밀면을 삶은 후 고기를 썰면 따뜻하게 먹을 수 있어요.

3 달군 팬에 소고기를 올려 취향에 따라 익힌 후 얇게 썬다.

4 끓는 물에 메밀면을 넣어 4분간 끓이고, 넘치려고 할 때마다 찬물을 부어가며 익힌다.

5 익힌 메밀면을 찬물로 여러 번 헹궈 물기를 빼 그릇에 담고, 소스를 붓는다.

6 면 위에 소고기, 아보카도, 토마토를 둘러 담고 가운데에 달걀노른자를 올려 비벼 먹는다.

Recipe 44.

토마토파스타

저는 토마토소스가 들어가는 요리를 할 때 시판 토마토파스타소스 대신 토마토퓌레를
자주 사용해요. 퓌레는 토마토농축액이라 풍미가 진할 뿐만 아니라 당분이나 향료 등
첨가물이 적거든요. 토마토퓌레로 속을 따뜻하게 해주는 건강 토마토파스타를 완성해보세요.

Ingredients How to

- ○ 통밀스파게티 50g
- ○ 양파 1/4개
- ○ 저염베이컨 1줄
- ○ 새송이버섯 1/2개
- ○ 토마토퓌레 4큰술
- ○ 다진 마늘 0.5큰술
- ○ 면수 50~60ml(1국자)
- ○ 파슬리가루 약간
- ○ 올리브유 1큰술

1 끓는 물에 스파게티를 넣고 10분간 삶아 건지고, 면수를 남겨둔다.

2 양파는 채 썰고, 베이컨, 버섯은 작은 한입 크기로 썬다.

3 달군 팬에 올리브유를 두르고 양파, 베이컨, 다진 마늘을 넣고 볶는다.

4 양파가 노릇해지면 버섯, 면수를 넣고 볶다가 버섯이 익으면 토마토퓌레를 넣어 볶는다.

5 소스가 끓어오르면 스파게티를 넣고 섞어가며 볶은 후 파슬리가루를 뿌린다.

토마토퓌레는 토마토 함유율이 100%에 가까운 제품으로 골라요.

시금치프리타타

두부강정

대패목살숙주볶음

버섯카레리소토

베이컨양배추전

애호박멘보샤

포테이토쉬림프피자

라이스페이퍼군만두

닭소야볶음

고구마핫도그

오징어호박부추전

과카몰리플레이트

참치팽이버섯전

소고기고추장크림리소토

달걀지단잔치국수

닭다리살파채무침

PART 4

지속 가능한 다이어트의 일등공신

별미 일품 요리

Recipe 45.

시금치프리타타

이탈리아식 오믈렛인 프리타타를 집에서 간단하게 다이어트식으로 만들 수 있어요.
단백질 재료인 달걀에 엽산이 함유된 시금치, 맛의 풍미를 더해줄 베이컨과 토마토를 넣고
굽듯이 천천히 익혀요. 다른 채소를 넣어도 맛이 좋으니 냉털 메뉴로 활용해보세요.

Ingredients | How to

- 시금치 2포기
- 방울토마토 4개
- 저염베이컨 1줄
- 달걀 2개
- 파르메산치즈가루 0.3큰술
- 올리브유 1큰술

1 시금치는 밑동을 제거하고, 토마토는 2등분하고, 베이컨은 작은 한입 크기로 썬다.

2 달걀은 잘 푼다.

작은 프라이팬을 사용해야 살짝 도톰한 프리타타를 즐길 수 있어요.

3 달군 팬에 베이컨을 넣어 볶다가 기름이 나오면 시금치를 넣어 숨이 죽을 때까지 볶는다.

4 달걀물을 붓고 토마토를 올린 후 뚜껑을 덮어 약불에서 익히고, 그릇에 덜어 치즈가루를 뿌린다.

프리타타는 뒤집어서 익히지 않기 때문에 꼭 뚜껑을 덮고 약불에서 달걀이 다 익을 때까지 서서히 가열해야 해요. 달걀은 많은 양을 넣지 않았기 때문에 윗부분이 어느 정도 익으면 완성이에요

Recipe 46.
두부강정

퇴근 후, 매콤 달콤한 양념의 닭강정이 생각날 때 만들어 먹기 좋은 메뉴예요.
닭고기로 만들어도 맛있지만 두부로 만들면 바삭한 식감과 고소한 맛이 매력적이에요.
평소에 두부를 좋아하는 분이라면 망설이지 말고 만들어보세요.

Ingredients

- 두부 2/3모(200g, 부침용)
- 아몬드 7개
- 녹말가루 2큰술
- 올리브유 5큰술

소스

- 다진 양파 1큰술
- 다진 마늘 0.5큰술
- 고추장 0.5큰술
- 저칼로리케첩 3큰술
- 간장 1큰술
- 맛술 1큰술
- 알룰로스 2큰술

How to

1 두부는 손으로 듬성듬성 한입 크기로 뜯고, 키친타월에 올려 물기를 제거한다.

> 두부를 손으로 뜯으면 튀김옷을 입혀 튀긴 자연스러운 강정 모양으로 완성돼요.

2 비닐팩에 두부, 녹말가루를 넣고 잘 흔들면서 두부에 녹말가루를 잘 묻힌다.

3 망에 종이포일을 깔고 두부를 올린 후 올리브유를 뿌리고, 에어프라이어 200℃에서 10분, 뒤집어서 5분간 더 굽는다.

4 팬에 소스 재료를 모두 넣고 약불에서 끓인다.

5 끓어오르면 두부를 넣고 재빨리 섞어 소스를 골고루 묻혀 불을 끈다.

6 그릇에 담고 아몬드를 으깨어 뿌린다.

Recipe 47.

대패목살숙주볶음

이자카야 안주인 차돌박이숙주볶음을 지방이 적은 돼지대패목살을 사용해
다이어트 메뉴로 바꿔봤어요. 향긋하게 맴도는 마늘 향과 페페론치노의 매콤한 향, 쫄깃한 목살과
아삭한 숙주의 식감이 정말 잘 어울려요. 운동 후에 곤약밥과 함께 든든하게 먹기 좋아요.

Ingredients

- 돼지대패목살 150g
- 숙주 1줌
- 양파 1/5개
- 대파 약간
- 페페론치노 3~4개
- 다진 마늘 0.5큰술
- 간장 2큰술
- 참기름 1/2큰술
- 통깨 약간
- 맛술 1큰술
- 후춧가루 약간

How to

1 목살에 맛술, 후춧가루를 뿌려 10분간 재운다.

2 숙주는 물기를 빼고, 양파는 채 썰고, 대파는 얇게 송송 썬다.

3 달군 팬에 목살, 양파, 다진 마늘을 넣고 볶는다.

4 목살 겉면이 익으면 페페론치노를 부수어 넣고 간장을 뿌려 볶는다.

5 목살이 완전히 익으면 숙주를 넣어 볶다가 숙주의 숨이 죽으면 불을 끈 후 대파, 참기름을 뿌려 섞고 통깨를 뿌린다.

Recipe 48.

버섯카레리소토

요거트의 토핑으로만 먹었던 오트밀로 부드러운 리소토를 만들 수 있어요.
식이섬유가 풍부한 버섯과 오트밀이 들어 있어 변비가 고민이었던 분들에게 도움이 될 거예요.
쫄깃한 버섯과 부드러운 오트밀 식감에 카레 향까지 곁들인 다이어트 별미를 맛보세요.

Ingredients

- 오트밀 3큰술
- 새송이버섯 1개
- 저염베이컨 2줄
- 카레가루 2큰술
- 물 50ml
- 우유 100ml

How to

1 버섯, 베이컨은 작은 한입 크기로 썬다.

베이컨에서 기름이, 버섯에서 물이 나와 타지 않아요.

2 달군 팬에 버섯, 베이컨을 넣고 약불에서 노릇하게 볶는다.

3 베이컨, 버섯이 익으면 물, 오트밀을 넣고 섞는다.

4 물이 금세 사라지면 곧바로 우유, 카레가루를 넣어 섞고 원하는 농도가 될 때까지 저어가며 끓인다.

Recipe 49.

베이컨양배추전

양배추는 식이섬유와 칼슘, 각종 비타민이 풍부하고 조금만 먹어도 포만감을 줘요.
또한 위를 편안하게 해줘서 다이어트식의 메인 재료나 부재료로 사용하기 좋아요.
그래서 저는 양배추를 듬뿍 썰어 넣고 베이컨과 가다랑어포를 곁들인 오코노미야키 맛의
전을 자주 만들어 먹어요. 먹고 나면 든든하면서도 속이 편하답니다.

Ingredients

- 양배추 100g
- 저염베이컨 2줄
- 달걀 1개
- 가다랑어포 약간
- 저칼로리바비큐소스 0.5큰술
- 저칼로리마요네즈 0.5큰술
- 후춧가루 약간
- 올리브유 2큰술

How to

1 양배추는 채 썰어 식초 1큰술을 섞은 물에 10분간 담갔다 헹궈 물기를 뺀다.

2 볼에 양배추, 달걀, 후춧가루를 넣고 잘 섞어 반죽을 만든다.

3 달군 팬에 올리브유를 두르고 반죽을 골고루 펼쳐 올린다.

4 베이컨을 가위로 먹기 좋게 썰어 반죽 위에 올리고, 앞뒤로 노릇하게 구워 접시에 담는다.

5 전 위에 바비큐소스를 펴 바르고 마요네즈를 가늘게 뿌린 후 가다랑어포를 올린다.

Recipe 50.

애호박멘보샤

식빵 사이에 다진 새우를 넣고 튀긴 중국 요리 멘보샤가 초간단 건강식
애호박멘보샤로 변신했어요. 식빵 대신 애호박을 사용하고 밀가루를 넣지 않아 담백한 맛이
좋아요. 특별한 소스 필요 없이 소금만 살짝 찍어 먹어도 맛있어서 반찬으로도 추천해요.

Ingredients	How to

- 애호박 1/2개
- 냉동새우 4마리
- 녹말가루 0.5큰술
- 소금 약간
- 후춧가루 약간
- 올리브유 약간

1 호박은 둥근 모양을 살려 0.5cm 두께로 8조각 썰고, 새우는 해동해 다진다.

2 다진 새우, 녹말가루, 소금, 후춧가루를 섞어 반죽을 만든다.

3 호박 2개 사이에 반죽을 채워 멘보샤 4개를 만든 후 호박에 올리브유를 바르고, 에어프라이어 180℃에서 10분, 뒤집어서 3분간 굽는다.

탄단지 식단 tip

애호박멘보샤만 단독으로 먹기에는 포만감이 부족하니 컵누들 짜장맛이나 곤약현미밥과 함께 먹어요.

Recipe 51.

포테이토쉬림프피자

다이어트할 때 재료만 바꾸면 피자도 먹을 수 있어요. 저는 밀가루 도우 대신
식이섬유가 풍부한 삶은 감자를 으깨어 도우로 사용하고, 단백질 재료인 탱글한 새우, 적당한 지방을
채워주는 치즈를 올려 떠먹는 피자를 만들었어요. 피자 생각나는 날 먹으면 충분히 만족할 거예요.

Ingredients | How to

- 감자 1개(150g)
- 냉동새우 5개
- 피자치즈 50g
- 토마토퓌레 2큰술
- 후춧가루 약간
- 소금 약간

1 새우는 해동해 껍질을 제거하고, 감자는 작게 썰어 삶은 후 포크로 곱게 으깬다.

2 끓는 물에 새우를 넣고 데친다.

3 내열용기에 으깬 감자를 넓게 펼쳐 평평하게 담고 토마토퓌레-후춧가루-소금-새우-피자치즈 순으로 올린다.

4 그릇에 랩을 씌워 포크로 2~3회 구멍을 내고, 치즈가 녹을 때까지 전자레인지로 3~4분간 가열한다.

Recipe 52.

라이스페이퍼군만두

두부와 참치, 달걀로 단백질을 채우고 라이스페이퍼로 탄수화물까지 챙기는
다이어트 만두를 소개해요. 밀가루피 대신 라이스페이퍼가 만두피 역할을 해 부담 없이
먹을 수 있어요. 쫄깃한 만두피와 담백한 만두소에서 퍼지는 은은한 부추 향이 매력적인 메뉴랍니다.

Ingredients | How to

- 현미라이스페이퍼 6장
- 두부 1/2모(150g)
- 참치통조림 1/2개(50g)
- 부추 6줄기
- 달걀 1개
- 후춧가루 약간
- 올리브유 2큰술

1 두부는 키친타월로 꾹꾹 눌러 물기를 제거하고, 참치는 기름을 제거하고, 부추는 잘게 썬다.

2 그릇에 두부를 넣고 으깬 후 참치, 부추, 후춧가루를 섞어 두부반죽을 만든다.

3 라이스페이퍼는 따뜻한 물에 담갔다 펼치고, 두부반죽을 올려 감싸 납작한 만두 6개를 만든다.

> 팬에 구운 만두를 에어프라이어 180℃에서 5분간 구우면 더 바삭해져요.

4 달걀은 잘 풀고, 달군 팬에 올리브유를 두른 후 만두를 달걀물에 담갔다 팬에 올려 앞뒤로 노릇하게 굽는다.

Recipe 53.

닭소야볶음

어릴 때 도시락이나 급식 반찬으로 많이 먹던 소시지야채볶음이 생각나서 일반 소시지 대신 닭가슴살소시지와 채소를 넣어 만들었어요. 밥과 함께 반찬으로 먹기에도 좋고, 샐러드 채소와 곁들여 먹어도 잘 어울려요. 일반식에서 재료만 바꿔도 꽤 괜찮은 다이어트식이 된답니다.

Ingredients

- 닭가슴살소시지 8개 (비엔나형)
- 양배추 50g
- 양파 1/5개
- 애호박 1/8개
- 다진 마늘 0.5큰술
- 굴소스 0.5큰술
- 저칼로리케첩 0.5큰술
- 파슬리가루 약간
- 올리브유 1큰술

How to

1 소시지는 칼집을 내고, 양배추, 양파, 호박은 먹기 좋게 썬다.

2 달군 팬에 올리브유를 두르고 소시지, 다진 마늘을 넣고 볶는다.

3 소시지 칼집이 벌어지면 양배추, 양파, 호박을 넣고 볶는다.

4 채소가 다 익으면 굴소스, 케첩을 넣고 잘 섞어가며 볶아 파슬리가루를 뿌린다.

Recipe 54.

고구마핫도그

삶은 고구마와 닭가슴살소시지로 만든 달콤한 단백질 핫도그예요.
고구마를 으깨어 소시지를 감싸고, 튀김옷 대신 라이스페이퍼로 돌돌 말아 구우면
겉은 바삭하고 속은 부드러운 '겉바속촉'이 돼요. 약간의 정성이 담긴 만큼 맛있게 먹을 수 있어요.

Ingredients

- 삶은 고구마 1개(150g)
- 라이스페이퍼 1장
- 닭가슴살소시지 1개 (꼬치형)
- 저칼로리케첩 약간
- 파슬리가루 약간

How to

1 고구마는 껍질을 벗겨 포크로 으깬다.

2 따뜻한 물에 라이스페이퍼를 담갔다 꺼내 펼친다.

3 라이스페이퍼 위에 고구마소시지를 올리고 재료를 감싸며 돌돌 말아 핫도그를 만든다.

> 에어프라이어마다 온도가 다르니 라이스페이퍼가 바삭해질 정도로만 구워요.

4 에어프라이어 175℃에서 5분, 뒤집어서 3분간 구운 후 케첩, 파슬리가루를 뿌린다.

Recipe 55.

오징어호박부추전

다이어트할 때도 밀가루 대신 달걀을 사용하면 노릇노릇한 전을 즐길 수 있어요.
부추와 잘게 썬 호박, 오징어가 달걀과 함께 서로 엉겨 붙으며 반죽이 되거든요.
비가 오거나 전이 생각나는 날 오징어를 듬뿍 넣은 부추전 한 장이면 기분까지 좋아져요.

Ingredients

- 오징어 1마리(몸통)
- 애호박 50g(1/4개)
- 부추 30g
- 달걀 2개
- 소금 약간
- 후춧가루 약간
- 올리브유 3큰술

How to

1 오징어는 3~4cm 길이로 얇게 썰고, 호박은 채 썰고, 부추는 호박과 같은 길이로 썬다.

2 그릇에 달걀을 풀어 오징어, 호박, 부추, 소금, 후춧가루를 넣고 잘 섞어 반죽을 만든다.

> 완성된 전은 잠시 키친타월 위에 올려 기름기를 제거해요.

3 달군 팬에 올리브유를 두르고 반죽을 얇게 펼쳐 앞뒤로 노릇하게 굽는다.

- 밀가루 같은 가루류 없이 달걀만 넣어 만든 반죽이라 충분히 익지 않으면 모양을 유지하기 어려워요. 한 면이 다 익을 때까지 기다렸다가 크직한 뒤집개로 뒤집어주세요.
- 오징어는 원하는 크기로 썰어서 넣어도 되지만, 작게 썰어야 질기지 않고 익히는 시간도 줄일 수 있어요.

Recipe 56.

과카몰리플레이트

이국적인 음식이 먹고 싶을 때는 아보카도를 활용해 브런치 카페처럼 차려 먹어요.
잘 익은 아보카도를 으깬 후 토마토, 양파를 섞어 과카몰리를 만들고, 호밀빵과 구운 새우를
곁들이면 탄단지와 비타민, 섬유질까지 가득한 멋진 플레이트가 완성돼요.
새우 대신 닭가슴살이나 스크램블드에그 등 좋아하는 단백질 재료를 곁들여 즐겨보세요.

Ingredients

- 호밀빵 2조각(40~45g)
- 아보카도 1/2개
- 토마토 1/3개
- 양파 1/5개
- 냉동새우 5마리
- 레몬즙 0.5큰술
- 알룰로스 0.5큰술
- 소금 약간
- 후춧가루 약간
- 올리브유 1큰술

How to

기호에 따라 고춧가루나 크러쉬드레드페퍼를 뿌려 익혀도 좋아요.

1 호밀빵은 노릇하게 굽고, 아보카도는 씨, 껍질을 제거하고, 토마토, 양파는 잘게 다진다.

2 달군 팬에 올리브유를 두르고 새우를 넣어 앞뒤로 노릇하게 익혀 후춧가루를 뿌린다.

3 그릇에 아보카도를 넣고 포크로 대강 으깬 후 토마토, 양파, 레몬즙, 알룰로스, 소금, 후춧가루를 넣고 잘 으깨 과카몰리를 만든다.

4 넓은 접시에 호밀빵, 새우를 담고 과카몰리를 곁들인다.

익지 않은 아보카도는 과육이 딱딱하고 맛이 없으니 잘 익은 것을 사용해요. 덜 익은 아보카도는 겉면이 진한 초록색으로 만졌을 때 딱딱하고, 잘 익은 아보카도는 껍질이 검정색으로 말랑말랑해요. 아보카도가 덜 익었다면 씨를 제거하고 랩으로 감싼 후 전자레인지로 30초~1분간 가열해서 사용해요.

Recipe 57.

참치팽이버섯전

식감이 매력적인 팽이버섯과 단백질 재료 참치를 섞어 쫄깃쫄깃 고소한 전을 만들었어요.
팽이버섯전을 만들 때 달걀을 넣으면 재료 간의 연결고리 역할을 해서
밀가루가 필요 없어요. 식어도 맛있게 먹을 수 있어서 도시락 반찬으로도 좋답니다.

Ingredients

- 참치통조림 1개(100g)
- 팽이버섯 1봉(150g)
- 달걀 2개
- 올리브유 4큰술

양념

- 고춧가루 0.5큰술
- 간장 2큰술
- 식초 0.5큰술
- 참기름 1큰술
- 통깨 약간

How to

1 참치는 기름을 제거하고, 버섯은 밑동을 제거해 3~4cm 길이로 썬다.

2 참치, 버섯, 달걀, 후춧가루를 잘 섞어 반죽을 만든다.

3 달군 팬에 올리브유를 두르고 반죽을 한입 크기로 올려 앞뒤로 노릇하게 굽는다.

4 양념 재료를 잘 섞어 버섯전에 곁들여 찍어 먹는다.

Recipe 58.

소고기고추장크림리소토

다이어트를 하거나 건강을 챙기는 분이라면 오트밀이 집에 있을 거예요.
식이섬유가 풍부하고 포만감이 높은 오트밀로 만든 조은표 리소토는 저당고추장을 넣어
느끼하지 않고 매콤해요. 부드러운 소고기와 함께 먹으면 퓨전 레스토랑 메뉴 못지않아요.

Ingredients

- 오트밀 3큰술
- 소고기 150g(부챗살)
- 양파 1/6개
- 슬라이스치즈 1장
- 물 50ml
- 우유 100ml
- 저당고추장 1/2큰술
- 후춧가루 약간
- 파슬리가루 약간
- 올리브유 2.5큰술

How to

1. 소고기는 올리브유 2큰술, 후춧가루를 뿌려 10분간 재우고, 양파는 다진다.

2. 달군 팬에 올리브유 0.5큰술을 두르고 양파를 넣어 볶다가 양파가 투명해지면 물, 오트밀을 넣고 끓인다.

3. 오트밀이 물을 흡수하면 곧바로 우유, 고추장을 섞고, 치즈를 넣고 저어가며 충분히 졸인다.

4. 달군 팬에 소고기를 넣고 취향에 따라 익힌 후 한입 크기로 썬다.

5. 그릇에 리소토를 담고 소고기를 올려 파슬리가루를 뿌린다.

Recipe 59.

달걀지단잔치국수

평소에 탄수화물 섭취를 제한하는 키토식을 좋아한다면 이 레시피에 주목하세요.
면 대신 달걀지단을 사용해 단백질을 채우고, 다양한 냉털 채소로
각종 영양소를 채워요. 몸이 으슬으슬 추운 날 따끈하게 즐기기에도 좋은 잔치국수랍니다.

Ingredients

- 달걀 3개
- 양파 1/6개
- 애호박 1/10개
- 코인육수 1개(멸치맛)
- 물 500ml
- 올리브유 2큰술

양념

- 대파 1/6대
- 고춧가루 0.5큰술
- 간장 1큰술
- 참기름 0.5큰술
- 후춧가루 약간
- 통깨 약간

How to

1 냄비에 물, 코인육수를 넣고 중약불로 코인육수가 녹을 때까지 10분간 끓여 육수를 만든다.

2 양파, 호박은 채 썰고, 달걀은 잘 섞어 달걀물을 만든다.

3 양념 재료의 대파는 송송 썰고 나머지 양념 재료와 잘 섞는다.

4 달군 팬에 올리브유 0.5큰술을 두르고 양파, 후춧가루를 넣고 볶아 덜어두고, 같은 팬에 올리브유 0.5큰술을 두르고 호박을 볶아 덜어둔다.

취향에 따라 지단국수를 얇거나 넓적하게 썰어요.

5 달군 팬에 올리브유 1큰술을 두르고 달걀물을 3번에 나누어 지단 3장을 만든 후 식혀서 면처럼 길게 썬다.

6 그릇에 지단국수를 담고 뜨거운 육수를 부은 후 볶은 양파, 호박, 양념을 올린다.

Recipe 60.

닭다리살파채무침

맛있는 파닭을 집에서 즐기는 방법을 알려드려요. 닭다리살에 녹말가루 옷을 입혀 구우면
전혀 퍽퍽하지 않은, 부드러운 닭구이가 돼요. 여기에 매콤하고 새콤한 파채를 곁들이면
느끼하지 않게 먹을 수 있겠죠? 양을 줄여 밥반찬으로 먹어도 잘 어울린답니다.

Ingredients

- 닭다릿살 250g
- 파채 50g
- 우유 150ml
- 녹말가루 1큰술
- 올리브유 5큰술
- 통깨 약간

양념

- 고춧가루 0.5큰술
- 간장 1큰술
- 식초 1큰술
- 고추냉이 0.3큰술
- 알룰로스 0.5큰술

How to

1 닭다리살은 우유에 10분간 재워 물로 헹군 후 키친타월로 물기를 제거한다.

2 닭다리살은 한입 크기로 썰고, 비닐팩에 닭다리살, 녹말가루를 넣고 잘 흔들어서 버무린다.

3 달군 팬에 올리브유를 두르고 닭다리살을 노릇하게 구운 후 키친타월에 올려 기름기를 살짝 제거한다.

4 양념 재료는 잘 섞고, 파채와 함께 버무려 파채무침을 만든다.

5 그릇에 닭다리살, 파채무침을 담고 통깨를 뿌린다.

토마토순두부그라탱

연어요거트샐러드

오트밀치즈게살죽

토마토달걀볶음

리코타치즈샐러드

문어감자샐러드

게살치즈달걀찜

새송이관자구이

단호박에그슬럿

토마토부라타샐러드

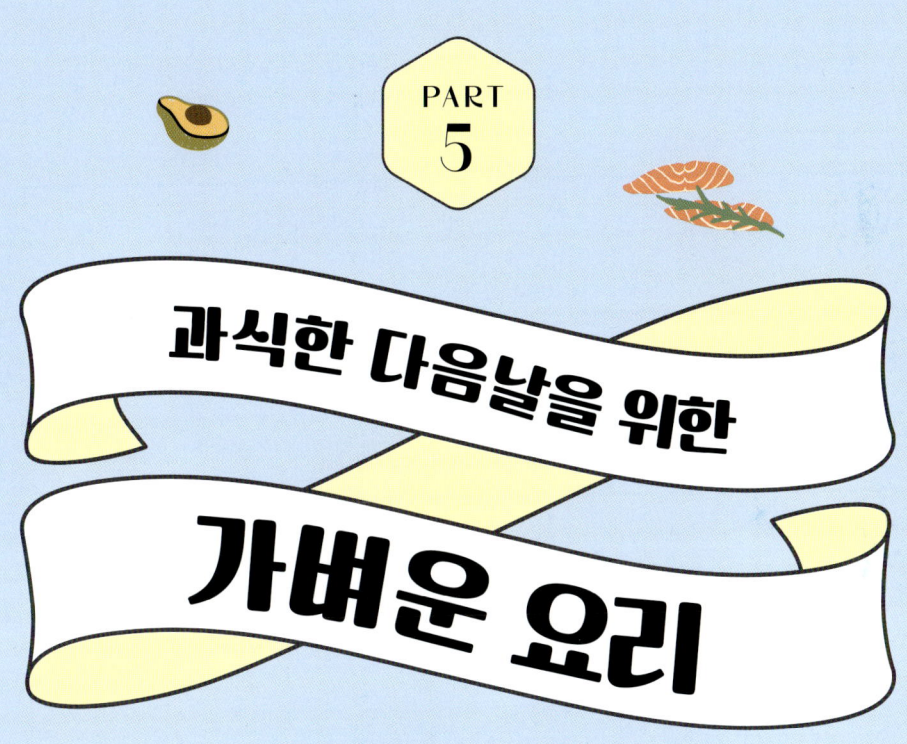

PART 5

과식한 다음날을 위한

가벼운 요리

Recipe 61.

토마토순두부그라탱

부드럽고 몽글몽글한 순두부와 새콤한 토마토, 고소한 치즈를 더해 만든
탄단지 그라탱을 소개해요. 단백질이 듬뿍 들어 운동 후에 먹기 좋은 메뉴죠.
탄수화물을 조금 더 섭취하고 싶다면 호밀빵이나 통밀파스타를 곁들이세요.

Ingredients | How to

- 순두부 1/2개(200g)
- 토마토 1/4개
- 양파 1/5개
- 달걀 1개
- 토마토소스 4큰술
- 슬라이스치즈 1장
- 피자치즈 20g

1 토마토는 작은 한입 크기로 썰고, 양파는 다진다.

2 순두부는 큼직하게 썰어 내열용기에 펼쳐 담고, 토마토, 양파를 골고루 얹는다.

노른자를 포크로 찔러 터뜨려줘야 가열 시 터지지 않아요.

3 토마토소스를 펴 바른 후 달걀을 깨 올리고, 치즈, 피자치즈를 얹는다.

4 랩을 씌우고 포크로 2~3회 구멍을 낸 후 전자레인지로 5분간 가열한다.

Recipe 62.

연어요거트샐러드

부드럽고 고소한 생연어에 새콤한 요거트드레싱이 잘 어울리는 샐러드예요.
마요네즈 대신 칼로리가 낮은 요거트를 사용해 자칫하면 느끼할 수 있는 연어를
상큼하게 즐길 수 있어요. 오메가-3가 풍부해 혈액 순환을 돕는 연어로 건강한 한 끼를 챙겨요.

Ingredients

- 연어횟감 100g
- 삶은 고구마 1개(150g)
- 방울토마토 5개
- 양상추 65g

요거트드레싱

- 다진 양파 1큰술
- 무가당요거트 2큰술
- 식초 0.5큰술
- 알룰로스 0.5큰술
- 후춧가루 약간

How to

1 요거트드레싱 재료는 잘 섞는다.

2 연어, 고구마는 먹기 좋게 썰고, 토마토는 2등분하고, 양상추는 먹기 좋게 뜯는다.

3 그릇에 양상추를 펼쳐 담고 토마토를 둘러 담는다.

4 연어, 고구마를 올려 요거트드레싱을 뿌린다.

Recipe 65.

오트밀치즈게살죽

오트밀을 사용해 식이섬유가 풍부한 오트밀치즈게살죽은 조리법이 간단할 뿐만 아니라
따뜻하고 부드러운 메뉴라서 아침 식사나 가벼운 한 끼에 잘 어울려요.
다이어트 시 고민거리인 변비 해결에도 도움을 주니 꾸준히 챙겨 먹어요.

Ingredients

- 오트밀 3큰술(25g)
- 게맛살 2개(70g)
- 슬라이스치즈 1장
- 물 50ml
- 저지방우유 100ml
- 파슬리가루 약간

How to

1 팬에 게맛살을 결대로 찢어 넣고 물을 부어 끓인다.

2 물이 끓으면 오트밀을 넣고 약불에서 섞어가며 끓인다.

3 다시 끓어오르면 우유를 넣고 저어가며 끓인다.

4 다시 끓어오르면 치즈를 넣고 저어가며 끓이다가 우유가 거의 졸아들어 꾸덕꾸덕해지면 불을 끄고 파슬리가루를 뿌린다.

Recipe 64.

토마토달걀볶음

손질이 간편한 재료를 사용해 재빨리 만들 수 있는 데다,
속을 편안하고 따뜻하게 달래는 음식이라 아침 메뉴나 감량기 저녁 메뉴로 추천해요.
좀 더 든든하게 먹고 싶다면 닭가슴살을 넣거나 통밀빵을 곁들여요.

Ingredients

- 토마토 1개
- 달걀 2개
- 대파 1/5대
- 다진 마늘 0.3큰술
- 굴소스 0.5큰술
- 후춧가루 약간
- 올리브유 1큰술

How to

1 토마토는 큼직하게 한입 크기로 썰고, 대파는 얇게 송송 썰고, 달걀은 잘 풀어둔다.

2 달군 팬에 올리브유를 두르고 다진 마늘, 대파를 넣어 약불에서 볶는다.

3 마늘 향이 올라오면 달걀물을 붓고 중약불에서 익힌다.

4 달걀이 절반쯤 익으면 토마토를 넣고 약불에서 저어가며 볶는다.

5 달걀이 다 익으면 굴소스, 후춧가루를 넣고 가볍게 볶는다.

Recipe 65.

리코타치즈샐러드

고소하고 부드러운 리코타치즈를 더 맛있게 즐기고 싶다면 샐러드에 토핑해봐요.
제철 과일에 싱그러운 잎채소, 오독오독한 견과류 그리고 오늘의 주인공인 리코타치즈를
곁들이면 실패할 일 없어요. 시판 발사믹드레싱이나 좋아하는 드레싱과 함께 먹어요.

Ingredients

- 리코타치즈 50g
- 호밀빵 1조각(20~20g)
- 청포도 5개
- 어린잎채소 1줌
- 블루베리 1큰술
- 아몬드 10개
- 발사믹소스 1큰술
  (폰타나발사믹글레이즈)

How to

1 호밀빵은 노릇하게 굽고, 포도는 2등분한다.

2 그릇에 어린잎채소를 넓게 펼쳐 담는다.

3 리코타치즈를 군데군데 나누어 얹고 청포도, 블루베리, 아몬드를 올린 후 발사믹소스를 뿌리고 호밀빵을 곁들인다.

Recipe 66.

문어감자샐러드

타우린이 풍부해 피로 회복에 좋은 문어를 사용한 메뉴예요. 문어로 단백질을 채우며
쫄깃한 식감을 더하고, 담백한 감자로 탄수화물을 보충하며 문어와 대비되는
부드러운 식감을 살렸어요. 포만감도 좋은 샐러드에 새콤 짭짤한 드레싱을 곁들여 먹어요.

Ingredients

- 삶은 문어다리 160g
- 감자 1개(150g)
- 방울토마토 5개
- 파슬리가루 약간

드레싱

- 다진 양파 1큰술
- 레몬즙 0.5큰술
- 올리브유 2큰술
- 알룰로스 0.5큰술
- 소금 약간
- 후춧가루 약간

How to

1 감자는 껍질을 벗겨 큼직하게 썰고, 토마토는 2등분한다.

> 감자 크기에 따라 익히는 시간을 가감해요.

2 끓는 물에 감자를 넣어 10분간 익혀 건진다.

3 감자 삶은 물을 다시 끓여 삶은 문어를 1분간 데친 후 한입 크기로 썬다.

4 드레싱 재료는 잘 섞는다.

5 볼에 문어, 감자, 토마토, 드레싱을 넣어 감자가 으깨지지 않게 섞고 파슬리가루를 뿌린다.

Recipe 67.

게살치즈달걀찜

달걀찜은 언제 먹어도 맛있지만 좀 심심할 때도 있잖아요? 그럴 때는 게맛살을
쭉쭉 찢어 넣고, 치즈도 무심하게 한 장 툭 얹어서 영양을 꽉 채운
보들보들 업그레이드 달걀찜을 만들어봐요. 조리법이 간단해서 아침 식사로도 좋아요.

Ingredients

- 달걀 2개
- 게맛살 2개(70g)
- 슬라이스치즈 1장
- 물 50ml
- 후춧가루 약간

How to

1 달걀은 잘 풀고, 물을 넣어 골고루 섞는다.

2 게맛살을 결대로 찢어 달걀물에 넣고, 후춧가루를 뿌려 섞는다.

3 치즈를 올리고 랩을 씌운 후 포크로 2~3회 구멍을 내고, 전자레인지로 4분간 가열한다.

Recipe 68.

새송이관자구이

음식을 하다 보면 애매하게 남는 버섯을 활용한 반찬이에요.
새송이버섯을 통째로 사용해 칼집만 잘 내주면 요리 같은 반찬이 된답니다.
짭짤한 간장양념장을 입혀 구운 버섯을 밥에 곁들이면 쫄깃쫄깃해서 정말 맛있어요.

Ingredients How to

- 새송이버섯 1개
- 다진 마늘 0.5큰술
- 간장 0.5큰술
- 식초 0.5큰술
- 알룰로스 0.5큰술
- 올리브유 1큰술

1 버섯은 밑동을 제거하고, 마늘, 간장, 알룰로스, 식초를 섞어 양념을 만든다.

2 버섯은 둥근 모양을 살려 도톰한 두께로 썰고, 앞뒤 단면에 체크무늬 칼집을 깊게 낸다.

3 달군 팬에 올리브유를 두르고 버섯을 올린 후 약불에서 양념을 조금씩 발라가며 앞뒷면을 노릇하게 굽는다.

탄단지 식단 tip

달걀볶음밥이나 연어국수를 곁들여 포만감과 영양을 함께 채워요.

Recipe 69.

단호박에그슬럿

단호박은 칼로리가 낮고 식이섬유가 풍부해 적은 양으로도 포만감을 주는
착한 탄수화물이에요. 단호박에그슬럿을 만들 때는 큰 호박을 사용해 여러 끼니로
나누어 먹거나 미니단호박으로 완성해 한 끼에 먹어도 좋아요. 멋스러운 비주얼 덕분에
손님 초대 요리로도 좋으니 꼭 한번 도전해보세요.

Ingredients

- 단호박 1개(1kg)
- 훈제돼지목살 120g
- 양파 1/4개
- 달걀 2개
- 피자치즈 60g
- 올리브유 1큰술

How to

1 단호박은 통째로 전자레인지에서 6분간 가열한다.

2 양파는 잘게 다지고, 달군 팬에 올리브유를 두르고 양파가 투명해질 때까지 볶아 덜어둔다.

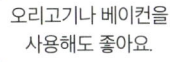
오리고기나 베이컨을 사용해도 좋아요.

3 같은 팬에 훈제목살을 노릇하게 구워 한입 크기로 썬다.

4 익힌 단호박은 꼭지 부분의 단면을 넓게 도려내 뚜껑을 만들고, 숟가락으로 속을 파내 제거한다.

- 남은 음식은 밀폐용기에 담아 냉장 혹은 냉동 보관해요. 잠시 실온에 두어 자연스럽게 녹이거나 전자레인지로 데워 먹어요.
- 미니단호박을 사용할 때는 처음에는 3~4분 가열한 후 중간중간 가열 시간을 줄여주세요.
- 미니단호박 500g은 1인분으로 위 재료의 절반만 사용해 만들어요.

5 단호박 속에 달걀을 깨 넣고 노른자를 터뜨린 후 양파를 올려 섞지 않은 채 전자레인지로 3분간 가열한다.

6 훈제목살을 넣고 피자치즈를 뿌려 전자레인지로 3분간 가열하고, 8등분해 2~3회에 나눠 먹는다.

Recipe 70.

토마토부라타샐러드

싱그러운 방울토마토와 고소한 부라타치즈, 새콤한 발사믹소스를 더해 만든 샐러드예요.
주말 아침, 늦잠자고 일어나 나에게 대접하는 느낌으로 간단하고 예쁘게
만들어 먹기 좋은 메뉴랍니다. 보기 좋은 음식이 맛도 좋은 만큼 여러분도 예쁘게 만들어 드셔보세요.

Ingredients

- 방울토마토 12개
- 부라타치즈 1개(100g)
- 아몬드 7개
- 발사믹소스 약간
  (폰타나발사믹글레이즈)
- 파슬리가루 약간

How to

1 토마토는 꼭지를 제거하고 길게 2등분해 접시에 둘러 담는다.

2 중앙에 부라타치즈를 올린다.

3 발사믹소스를 뿌리고 아몬드를 토핑해 파슬리가루를 뿌린다.

탄단지 식단 tip

호밀빵 1조각(20~25g)과
단백질셰이크 1잔을 곁들여 먹어요.

바닐라아포가토

녹차프로틴라테

곶감그릭말이

두부과자

무설탕고구마맛탕

참외그릭

곡물고구마라테

블루베리요거트스무디

바나나오트밀쿠키

밥솥그릭요거트

에프군고구마

매실에이드

초코그릭요거트볼

무설탕딸기라테

PART 6

먹어도 살찌지 않는 간식&음료

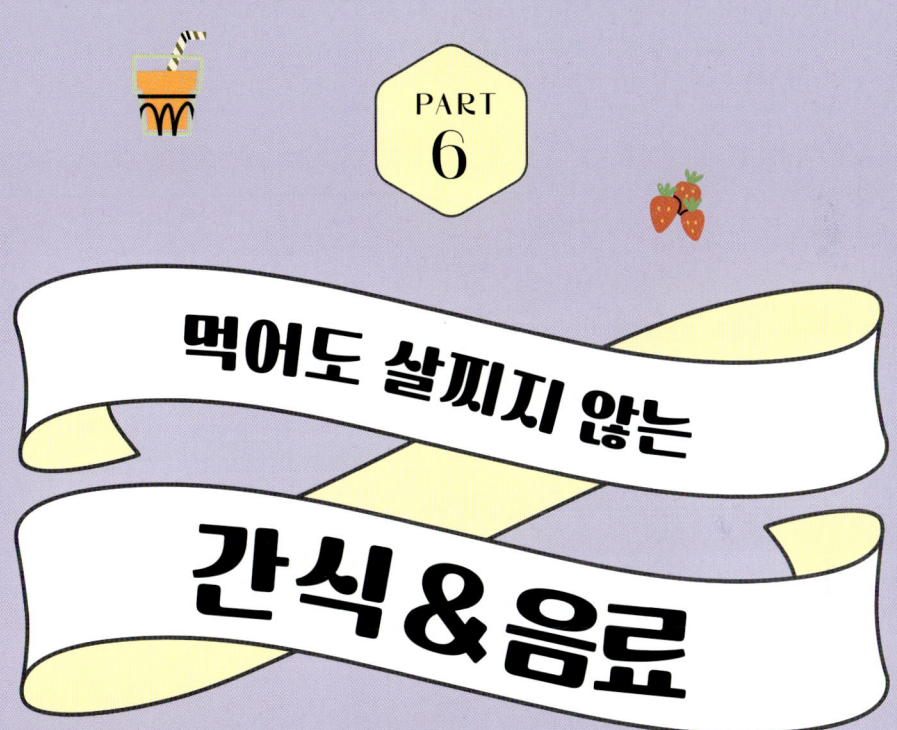

Recipe 71.

바닐라아포가토

집에서 에스프레소를 내릴 수 있다면 저칼로리아이스크림을 곁들여 바닐라아포가토를 만들 수 있어요. 더운 여름뿐만 아니라 피곤이 몰려오거나 달콤한 커피가 생각날 때 먹어도 만족할 수 있는 간단한 디저트랍니다.

ingredients

○ 에스프레소 1샷(25~30ml)
○ 저칼로리바닐라아이스크림 2스쿱(150g)
○ 아몬드 5개

> 좋아하는 견과류를 올려 씹는 맛을 추가해요.

1 오목한 그릇에 에스프레소를 담는다.

2 아이스크림을 조심스럽게 올리고 아몬드를 토핑한다.

Recipe 72.

녹차프로틴라테

매일 먹는 단백질파우더를 조금 더 맛있게 먹고 싶다면 진한 에스프레소를 섞어보세요. 녹차맛단백질파우더에 커피가 섞이면 달콤하고 쌉싸래한 맛이 좋아져요. 졸음이 쏟아지는 오후에 커피 대신 녹차라테를 커피 마시듯 천천히 음미하며 즐겨요.

ingredients

- 녹차맛단백질파우더 1.5큰술
- 저지방우유 200ml
- 에스프레소 1샷(25~30ml)
- 뜨거운 물 30ml
- 얼음 적당량

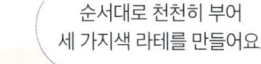
순서대로 천천히 부어
세 가지색 라테를 만들어요.

1 컵에 녹차맛단백질파우더, 뜨거운 물을 넣고 잘 섞는다.

2 얼음을 가득 넣고 우유를 부은 후 에스프레소를 넣는다.

Recipe 73.

곶감그릭말이

예쁘고 맛있으면서 트렌디한 간식을 먹고 싶은 날에 어울리는 메뉴예요.
기존에는 곶감에 크림치즈를 넣어 만들지만 우리는 더 건강하고 꾸덕꾸덕한 맛이 좋은
그릭요거트를 사용해 다이어트식으로 만들어봐요. 손님 초대용 디저트로도 좋답니다.

Ingredients How to

- 곶감 1개
- 그릭요거트 30g
- 아몬드 5개

1 곶감의 위아래를 살짝 제거하고, 겉면에 세로로 칼집을 내 넓게 펼친다.

2 곶감을 속이 보이게 펼치고 요거트를 곶감 가로 길이에 맞춰 중앙에 길게 올린다.

3 김밥 말듯 곶감으로 요거트를 감싸 돌돌 만다.

4 곶감을 한입 크기로 썰고, 아몬드를 으깨어 토핑한다.

Recipe 74.

두부과자

다이어트 중 입이 심심하다면 바삭바삭 씹는 맛이 좋은 두부과자가 제격이에요.
얇은 쌈두부를 전자레인지로 바삭하게 굽고 원하는 시즈닝을 곁들이면 완성!
만드는 법은 간단한데 만족감이 큰 영양 간식으로 맛있게 다이어트하세요.

Ingredients

- 쌈두부 60g
- 파르메산치즈가루 1큰술
- 고춧가루 0.5큰술
- 스테비아 0.2큰술

How to

1 쌈두부는 키친타월에 올려 물기를 제거한다.

2 쌈두부를 대각선 방향으로 2등분한다.

3 종이포일에 쌈두부를 올려 전자레인지로 1분간 가열-뒤집기를 4번 반복하며 총 4분간 가열해 두부과자를 만든다.

꿀에 살짝 찍어 먹어도 맛있어요. 콩가루 등 원하는 재료와 함께 먹어도 좋아요.

4 치즈가루, 고춧가루, 스테비아를 잘 섞어 시즈닝을 만들고, 두부과자에 뿌리거나 찍어 먹는다.

Recipe 75.

무설탕고구마맛탕

다이어터의 동반자인 고구마도 가끔은 질릴 때가 있어요. 그럴 때는 설탕을
넣지 않은 고구마맛탕을 만들어 달콤하고 따뜻한 별미를 즐겨요. 알룰로스를 넣어 만든
꾸덕꾸덕하고 감미로운 맛탕으로 건강하게 당을 충전해보세요.

Ingredients

- 고구마 1개(100g)
- 알룰로스 2큰술
- 검은깨 약간
- 올리브유 1큰술

How to

1 고구마는 껍질 벗겨 한입 크기로 썰고, 달군 팬에 올리브유를 두르고 고구마를 올려 사방을 노릇하게 굽는다.

2 키친타월 위에 구운 고구마를 올려 기름기를 살짝 제거한다.

> 굳을 수 있으니 절대 젓지 마세요.

3 작은 팬에 알룰로스를 넣고 약불에서 그대로 끓인다.

4 알룰로스가 끓기 시작하면 불을 끄고 곧바로 고구마를 넣어 재빨리 섞은 후 검은깨를 뿌린다.

Recipe 76.

참외그릭

SNS에서 유행하던 복숭아그릭을 응용한 메뉴예요. 딱딱해서 속을 파내기 어려운
복숭아 대신 참외를 사용하면 훨씬 쉽게 만들 수 있어요. 포만감이 높고
식이섬유가 풍부한 저칼로리 과일 참외로 여름의 맛을 물씬 느껴보세요.

Ingredients

- 참외 1개
- 그릭요거트 80g
- 알룰로스 1큰술
- 그래놀라 적당량
- 아몬드 8개

How to

티스푼을 사용해서 조금씩 덜어 넣으면 편해요.

1 참외는 껍질을 벗겨 아래는 꼭지만 살짝 제거하고 위는 참외 속이 보이도록 단면을 제거해 속을 파낸다.

2 요거트, 알룰로스를 잘 섞고, 참외 속에 요거트를 꼼꼼히 채워 넣는다.

3 접시에 그래놀라를 넓게 펼쳐 담는다.

4 참외를 길게 반 갈라 2등분한 후 먹기 좋은 크기로 썰어 그래놀라 위에 올리고 아몬드를 토핑한다.

Recipe 77.

곡물고구마라테

제대로 차려 먹기 바쁜 아침이나 간식으로 딱 3분만 투자하면 탄단지를 채울 수 있어요.
달콤하고 고소한 맛 덕분에 기분까지 좋아진답니다.
이제 아침을 거르는 대신 무조건 라떼하세요!

ingredients

○ 군고구마 1/2개(50g)
○ 단백질파우더 2큰술(곡물맛)
○ 저지방우유 200ml

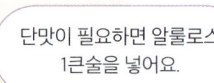

단맛이 필요하면 알룰로스 1큰술을 넣어요.

1 군고구마는 껍질을 제거한다.　**2** 믹서에 모든 재료를 넣고 곱게 간다.

Recipe 78.

블루베리요거트스무디

아침을 가볍고 상큼하게 깨우고 싶다면 블루베리요거트스무디를 만들어보세요.
블루베리, 요거트, 우유 그리고 설탕 대신 알룰로스를 넣고 믹서로 곱게 갈면 끝!
알룰로스 덕분에 공복에 유산균을 챙겨 먹는 효과까지 얻을 수 있어요.

ingredients

- 냉동블루베리 2큰술
- 요거트 100ml
- 저지방우유 100ml
- 알룰로스 2큰술

1 블루베리는 가볍게 헹구고, 요거트에 알룰로스를 섞는다.

2 믹서에 블루베리, 요거트, 우유를 넣고 곱게 간다.

Recipe 79.

바나나오트밀쿠키

식단 관리 중 어김없이 찾아오는 변비 해소에 도움을 주는 단백질 쿠키예요.
관리 중에도 간식을 포기하지 못하는 분들에게도 희소식이죠? 밀가루, 설탕, 오일,
이 세 가지가 들어가지 않아도 겉바속촉 달콤한 쿠키 만드는 방법을 알려드려요.

Ingredients

- 바나나 2개(180g)
- 오트밀 90g
- 시나몬가루 1g
- 아몬드 6개

How to

오트밀을 잠시 불리며 숙성하면 반죽이 쫀득해져요.

1 바나나는 볼에 담아 포크로 곱게 으깬다.

2 으깬 바나나에 오트밀, 시나몬가루를 넣고 잘 섞어 10~15분간 그대로 둔다.

갓 만들어진 쿠키는 전체적으로 촉촉하고, 식힌 쿠키는 겉은 바삭하고 속은 촉촉해요.

3 반죽을 동글납작하게 만들고 쿠키 1개마다 아몬드 1개를 토핑한다.

4 에어프라이어 180℃에서 15분간 구운 후 충분히 식힌다.

Recipe 80.
밥솥그릭요거트

그릭요거트를 즐겨 먹는 분이라면 저와 함께 밥솥을 활용해 홈메이드 그릭요거트를 만들어봐요. 만드는 시간은 좀 오래 걸리지만 식비가 절약되고 식사 준비도 빠르게 끝낼 수 있어요. 변비에 좋은 그릭요거트로 맛있고 쉽게 다이어트하세요!

Ingredients

- 우유 900ml
- 마시는 플레인요구르트 150ml(농후발효유)

How to

유산균이 죽지 않도록 나무숟가락으로 섞어요.

1 밥솥에 우유, 플레인요구르트를 넣고 잘 섞는다.

2 보온 상태에서 1시간, 전원을 끈 상태에서 10~12시간 그대로 둬 발효시킨다.

12~14시간 정도면 시판 그릭요거트보다 덜 꾸덕해요. 좋아하는 정도에 따라 유청 분리 시간을 가감해요.

3 볼 위에 체를 올려 면포를 펼치고, 발효된 요거트를 부어 면포로 잘 감싼다.

4 면포 위에 무거운 것을 올리고 냉장실에서 12~14시간 정도 유청을 분리한 후 냉장 보관해 일주일 내로 먹는다.

- 원유 100% 우유로 만들어야 실패하지 않아요. 저지방우유는 NO!
- 저는 '서울우유+바이오 플레인요거트(혹은 불가리스)'로 만들어요. 플레인요구르트는 '농후발효유'라고 쓰인 제품을 사용해요.
- 밀폐용기에 물을 가득 넣고 눌러 유청을 빼면 편리해요.

Recipe 81.

에프군고구마

겨울에 호호 불어 먹는 맛이 좋은 군고구마를 이제는 계절에 상관없이 집에서 만들어 먹어요. 이제는 가정의 필수품으로 자리 잡은 에어프라이어와 고구마만 있다면 다이어트할 때도 달콤하고 촉촉한 고구마로 감량할 수 있답니다.

ingredients

○ 고구마 5개

에어프라이어를 사용한 군고구마는 양끝을 제거해야 터지지 않아요.

1. 고구마는 양끝을 잘라내고 물기를 제거한다.
2. 에어프라이어 180℃에서 30분간 굽는다.

tip.
수분 없이 퍽퍽한 고구마는 ②의 방법으로 만들고, 촉촉한 고구마는 160℃에서 30분, 뒤집어서 30분간 구워 완성해요.

Recipe 82.

매실에이드

탄산이 톡톡 터지는 탄산음료가 생각날 때, 시원한 매실에이드를 만들어 한 잔 쭉 들이켜보세요. 완벽하진 않지만 청량한 탄산과 달콤한 매실액이 만나 음료에 대한 욕구를 충족시켜 줘요. 속이 더부룩할 때 마셔도 좋아요.

ingredients

- 매실청 30ml
- 탄산수 150ml
- 얼음 적당량

1 컵에 매실청을 담는다.

2 얼음을 넣고 탄산수를 부어 잘 섞는다.

Recipe 83.

초코그릭요거트볼

달콤한 간식이 당기는 날에 먹으면 확실한 만족감을 선사하는 초간단 맛 보장
디저트를 소개해요. 그릭요거트, 무가당카카오파우더, 알룰로스를 잘 섞어 만든 초코그릭을
한입 먹는 순간, 탄성이 절로 나올 거예요. 견과류와 제철 과일을 곁들여 화려하게 즐겨요.

Ingredients

- 그릭요거트 1스쿱(50g)
- 체리 3개
- 청포도 4개
- 다양한 견과류 1줌
- 무가당카카오파우더 0.3큰술
- 알룰로스 0.3큰술

How to

1 체리는 반 갈라 씨를 제거하고, 포도는 2등분한다.

2 그릇에 그릭요거트, 카카오파우더, 알룰로스를 넣고 잘 섞는다.

> 스쿱을 사용하면 동그랗고 예쁜 모양으로 만들 수 있어요.

3 접시에 체리, 포도, 견과류를 펼쳐 담고 초코그릭요거트를 스쿱으로 퍼 중앙에 올린다.

Recipe 84.

무설탕딸기라테

딸기가 나오는 계절에는 설탕을 넣지 않은 무설탕딸기라테를 꼭 만들어보세요.
집에서 만들어도 카페 음료처럼 새콤하고 달콤하게 완성돼요. 만드는 과정에서
컵 안에 으깬 딸기가 묻어도 닦지 말고 우유를 부으면 자연스러운 자국이 생겨 더 맛있어 보여요.

Ingredients

- 딸기 6개(혹은 냉동딸기)
- 알룰로스 2큰술
- 저지방우유 150ml
- 얼음 적당량

How to

1 딸기는 물기를 제거하고 작게 썬다.

2 컵에 딸기, 알룰로스를 넣고 나무수저로 으깬다.

3 으깬 딸기에 얼음을 넣고 우유를 붓는다.

가나다순 인덱스

게살고추냉이마요김밥 48
게살치즈달걀찜 166
고구마핫도그 138
곡물고구마라테 186
곶감그릭말이 178
과카몰리플레이트 142
깻잎쌈밥 52

녹차프로틴라테 177

단호박에그슬럿 170
달걀말이메밀김밥 96
달걀지단잔치국수 148
달걀카레두부면 108
닭가슴살리코타샌드위치 86
닭가슴살소시지샌드위치 62
닭다리살파채무침 150
닭소야볶음 136
대파달걀토스트 78
대파베이컨그릭베이글 66
대패목살숙주볶음 124
두부강정 122
두부과자 180
두부면고추장크림파스타 110

두부비빔밥 34
두부유부초밥구이 42
두부텐더샌드위치 82

라이스페이퍼군만두 134
리코타치즈샐러드 162

말차그릭토스트 70
매실에이드 193
매콤참치배추롤 38
매콤참치비빔면 102
목살된장국수 92
무설탕고구마맛탕 182
무설탕딸기라테 196
묵은지간장국수 98
문어감자샐러드 164
미역국수물냉면 104

바나나오트밀쿠키 188
바닐라아포가토 176
바질토마토파니니 80
밥솥그릭요거트 190
버섯된장파스타 106
버섯카레리소토 126

베이컨볶음밥 50
베이컨양배추전 128
불고기사과샌드위치 72
블루베리그릭베이글 76
블루베리요거트스무디 187

새송이관자구이 168
새우마늘볶음밥 28
새우토스트 60
소고기고추장크림리소토 146
소고기파스타샐러드 90
순두부달걀국수 100
시금치베이컨파스타 94
시금치불고기덮밥 30
시금치프리타타 120

아보카도비프메밀국수 114
애호박멘보샤 130
에그구마샌드위치 64
에프고고구마 192
연어김밥 46
연어비빔국수 112
연어요거트샐러드 156
오리고기샌드위치 68
오리양배추덮밥 26
오이양파토스트 74

오징어호박부추전 140
오트밀치즈게살죽 158

참외그릭 184
참치미역죽 44
참치팽이버섯전 144
청경채닭안심덮밥 36
초코그릭요거트볼 194

토마토달걀볶음 160
토마토볶음밥 56
토마토부라타샐러드 172
토마토순두부그라탱 154
토마토카레덮밥 40
토마토파스타 116

파인애플식빵피자 84
포테이토쉬림프피자 132

하루숙성연어덮밥 54
훈제목살포케 32

재료별 인덱스

달걀

게살치즈달걀찜 166
단호박에그슬럿 170
달걀말이메밀김밥 96
달걀지단잔치국수 148
달걀카레두부면 108
대파달걀토스트 78
두부비빔밥 34
라이스페이퍼군만두 134
묵은지간장국수 98
미역국수물냉면 104
베이컨볶음밥 50
베이컨양배추전 128
새우토스트 60
순두부달걀국수 100
시금치프리타타 120
아보카도비프메밀국수 114
에그구마샌드위치 64
연어김밥 46
연어비빔국수 112
오리고기샌드위치 68
오리양배추덮밥 26
오이양파토스트 74
오징어호박부추전 140
참치팽이버섯전 144
토마토달걀볶음 160
토마토볶음밥 56
토마토순두부그라탱 154
하루숙성연어덮밥 54

훈제목살포케 32

두부

두부강정 122
두부과자 180
두부비빔밥 34
두부유부초밥구이 42
라이스페이퍼군만두 134
순두부달걀국수 100
토마토순두부그라탱 154

참치

라이스페이퍼군만두 134
매콤참치배추롤 38
매콤참치비빔면 102
참치미역죽 44
참치팽이버섯전 144

닭고기(가슴살/안심/소시지)

고구마핫도그 138
닭가슴살리코타샌드위치 86
닭가슴살소시지샌드위치 62
닭다리살파채무침 150
닭소야볶음 136
청경채닭안심덮밥 36

오리고기

오리고기샌드위치 68
오리양배추덮밥 26

게맛살

게살고추냉이마요김밥 48
게살치즈달걀찜 166
오트밀치즈게살죽 158

고구마

고구마핫도그 138
곡물고구마라테 186
무설탕고구마맛탕 182
에그구마샌드위치 64
에프군고구마 192
연어요거트샐러드 156

돼지고기(대패목살/훈제목살/다짐육/앞다릿살)

깻잎쌈밥 52
단호박에그슬럿 170
대패목살숙주볶음 124
목살된장국수 92
불고기사과샌드위치 72
시금치불고기덮밥 30
훈제목살포케 32

소고기(부챗살)

소고기고추장크림리소토 146
소고기파스타샐러드 90
아보카도비프메밀국수 114

베이컨(저염)

대파베이컨그릭베이글 66
두부면고추장크림파스타 110
버섯된장파스타 106
버섯카레리소토 126
베이컨볶음밥 50
베이컨양배추전 128
시금치베이컨파스타 94
시금치프리타타 120
토마토파스타 116
파인애플식빵피자 84

새우

과카몰리플레이트 142
새우마늘볶음밥 28
새우토스트 60
에호박멘보샤 130
포테이토쉬림프피자 132

연어

연어김밥 46

연어비빔국수 112

연어요거트샐러드 156

하루숙성연어덮밥 54

오징어 & 문어

문어감자샐러드 164

오징어호박부추전 140

토마토

과카몰리플레이트 142

닭가슴살리코타샌드위치 86

닭가슴살소시지샌드위치 62

문어감자샐러드 164

바질토마토파니니 80

소고기파스타샐러드 90

시금치프리타타 120

아보카도비프메밀국수 114

연어요거트샐러드 156

토마토달걀볶음 160

토마토볶음밥 56

토마토부라타샐러드 172

토마토순두부그라탱 154

토마토카레덮밥 40

버섯 (새송이/팽이)

버섯된장파스타 106

버섯카레리소토 126

새송이관자구이 168

참치팽이버섯전 144

토마토카레덮밥 40

토마토파스타 116

양배추

닭소야볶음 136

두부텐더샌드위치 82

매콤참치비빔면 102

베이컨양배추전 128

오리양배추덮밥 26

잎채소 (상추/양상추/깻잎/어린잎)

깻잎쌈밥 52

닭가슴살리코타샌드위치 86

닭가슴살소시지샌드위치 62

리코타치즈샐러드 162

매콤참치비빔면 102

불고기사과샌드위치 72

소고기파스타샐러드 90

에그구마샌드위치 64

연어김밥 46

연어비빔국수 112

연어요거트샐러드 156

오리고기샌드위치 68

훈제목살포케 32

시금치

시금치베이컨파스타 94

시금치불고기덮밥 30

시금치프리타타 120

오이
달걀말이메밀김밥 96
닭가슴살소시지샌드위치 62
미역국수물냉면 104
새우토스트 60
오이양파토스트 74

아보카도
과카몰리플레이트 142
아보카도비프메밀국수 114

단호박
단호박에그슬럿 170

통밀스파게티
버섯된장파스타 106
소고기파스타샐러드 90
시금치베이컨파스타 94
토마토파스타 116

메밀면
달걀말이메밀김밥 96
매콤참치비빔면 102
묵은지간장국수 98
아보카도비프메밀국수 114

두부면
달걀카레두부면 108
두부면고추장크림파스타 110

현미소면
목살된장국수 92

라이스페이퍼
고구마핫도그 138
라이스페이퍼군만두 134

오트밀
바나나오트밀쿠키 188
버섯카레리소토 126
소고기고추장크림리소토 146
오트밀치즈게살죽 158

단백질파우더
곡물고구마라테 186
녹차프로틴라테 177

아몬드 & 견과류
곶감그릭말이 178
깻잎쌈밥 52
두부강정 122
리코타치즈샐러드 162

말차그릭토스트 70

바나나오트밀쿠키 188

바닐라아포가토 176

참외그릭 184

초코그릭요거트볼 194

토마토부라타샐러드 172

훈제목살포케 32

치즈(슬라이스/피자/리코타/부라타/치즈가루)

단호박에그슬럿 170

닭가슴살리코타샌드위치 86

대파달걀토스트 78

두부과자 180

두부면고추장크림파스타 110

리코타치즈샐러드 162

바질토마토파니니 80

새우토스트 60

소고기고추장크림리소토 146

시금치베이컨파스타 94

시금치프리타타 120

에그구마샌드위치 64

오리고기샌드위치 68

오이양파토스트 74

오트밀치즈게살죽 158

토마토볶음밥 56

토마토부라타샐러드 172

토마토순두부그라탱 154

파인애플식빵피자 84

포테이토쉬림프피자 132

우유 & 두유

곡물고구마라테 186

녹차프로틴라테 177

두부면고추장크림파스타 110

무설탕딸기라테 196

밥솥그릭요거트 190

버섯카레리소토 126

블루베리요거트스무디 187

소고기고추장크림리소토 146

오트밀치즈게살죽 158

그릭요거트

곶감그릭말이 178

대파베이컨그릭베이글 66

말차그릭토스트 70

밥솥그릭요거트 190

블루베리그릭베이글 76

블루베리요거트스무디 187

연어요거트샐러드 156

참외그릭 184

초코그릭요거트볼 194

과일(사과/블루베리/포도 등)

게살고추냉이마요김밥 48

곶감그릭말이 178

리코타치즈샐러드 162

말차그릭토스트 70

무설탕딸기라테 196

바나나오트밀쿠키 188

불고기사과샌드위치 72
블루베리그릭베이글 76
블루베리요거트스무디 187
참외그릭 184
초코그릭요거트볼 194
파인애플식빵피자 84

커피

녹차프로틴라테 177
바닐라아포가토 176

한 번 장 보면 일주일을 책임지는 식단표

- 제가 실제로 일주일치 장을 봐서 실천한 감량기 식단을 소개할게요. 저는 일주일에 하루인 일반적인 치팅데이 대신 일주일에 한 끼 혹은 두 끼로 나눠 치팅끼니를 가졌어요. 하루 치팅데이라고 하면 마음먹고 과식하거나 다음날 식단으로 돌아오기 어려울 것 같아서 스스로 정한 규칙이에요. 일주일에 한 번이면 돌아오는 치팅데이까지 너무 멀게 느껴질 것 같아서 3~4일에 한번 속세 음식을 먹었고, 약속도 이때로 잡아서 외식했어요. 유지기에는 치팅끼니를 늘려 2~4끼니까지 외식했어요.
- 치팅데이에는 딱 '배부름'을 느낄 때까지만 먹었고, 좋아하는 한식 위주로 먹었어요.
- 사실 매일 다른 식단을 먹지는 않았어요. 재료가 남으면 냉털 볶음밥을 만들기도 하고, 며칠 사이에 같은 식단을 먹기도 했어요. 제가 자주 해 먹은 다양한 메뉴로 건강한 다이어트에 성공하세요!

1. 저렴한 식재료를 사용한 식비 절약 식단

집 근처 마트에서 저렴하게 살 수 있는 재료와 순두부, 버섯, 참치 등 평소에 자주 먹는 친숙한 재료를 사용해 식비를 절약하는 식단을 꾸려봐요. 장을 한 번 보면 일주일 안에 모두 사용할 수 있어 남는 재료가 없어요.

집에 있는 재료 곤약현미밥, 통밀식빵, 달걀, 양파, 대파, 올리브유, 각종 양념

장 볼 재료 순두부, 참치, 오리고기슬라이스, 새우, 배추 혹은 양배추, 토마토, 카레, 새송이버섯, 토마토퓌레, 마늘

	월	화	수	목	금	토	일
점심	순두부 달걀국수 p.100	오리 양배추덮밥 p.26	버섯 카레리소토 p.126	토마토 달걀볶음 p.160	오리고기 샌드위치 p.68	새우 마늘볶음밥 p.28	토마토 순두부그라탱 p.154
저녁	새송이 관자구이 p.168 + 곤약현미밥 p.23	새우토스트 p.60	토마토 카레덮밥 p.40	치팅	매콤 참치배추롤 p.38	토마토 파스타 p.116	치팅

2. 급찐급빠 4일 식단

- 식단 관리를 하던 중 여행이나 생일 주간으로 급하게 살이 쪘다면 급하게 뺄 수 있는 아래 식단을 참고해보세요. 급찐급빠는 평소보다 위를 줄이는 과정에서 배고픔을 느낄 수 있기 때문에 3~4일간 진행하길 추천해요.
- 식단에 활용하고 남은 방울토마토는 배고픔을 느낄 때 간식으로 먹으면 좋아요.

집에 있는 재료 곤약현미밥, 달걀, 양파, 대파, 오트밀, 녹말가루, 올리브유, 각종 양념

장 볼 재료 그릭요거트, 코인육수, 애호박, 게맛살 1팩, 두부 1팩, 슬라이스치즈, 방울토마토, 김밥김

선택 재료 무가당카카오파우더, 체리, 청포도, 견과류

	1일차	2일차	3일차	4일차
점심	초코그릭요거트볼 p.194	게살치즈달걀찜 p.166	토마토달걀볶음 p.160	오트밀치즈게살죽 p.158
저녁	달걀지단잔치국수 p.148	두부비빔밥 p.34	게살고추냉이마요김밥 p.48	두부강정 p.122

3. 입 터진 주간 속세 메뉴 식단

고기 같은 기름진 음식이 먹고 싶을 때, 단 음식이 당길 때 등 흔히 말하는 입이 터지는 주간이 있어요. 그럴 때는 괜히 나가서 과식하거나 자극적인 음식을 먹지 말고 재료를 살짝 보태 집에서 럭셔리한 메뉴를 즐겨보세요. 식사의 만족도가 크지만 살 찌지 않아 좋아요.

집에 있는 재료 곤약현미밥, 통밀파스타, 달걀, 양파, 대파, 오트밀, 올리브유, 각종 양념

장 볼 재료 소고기, 냉동블루베리, 그릭요거트, 슬라이스치즈, 저지방우유, 양상추, 양배추, 단호박, 훈제돼지목살, 부라타치즈, 토마토, 통밀베이글, 미역국수, 냉면육수

선택 재료 무가당카카오파우더, 체리, 청포도, 견과류

	월	화	수	목	금	토	일
점심	블루베리 그릭베이글 p.76	베이컨 볶음밥 p.50	베이컨 볶음밥 p.50	말차 그릭토스트 p.70	베이컨 양배추전 p.128	단호박 에그슬럿 p.170	초코 그릭요거트볼 p.194
저녁	소고기고추장 크림리소토 p.146	토마토 볶음밥 p.56	토마토 부라타샐러드 p.172	치팅	훈제목살 포케 p.32	미역국수 물냉면 p.104	치팅

**기적의 탄단지
다이어트 레시피**

초판 1쇄 인쇄 2023년 6월 20일
초판 1쇄 발행 2023년 7월 3일

지은이 지영현(조은fine)
펴낸이 이경희

펴낸곳 빅피시
출판등록 2021년 4월 6일 제2021-000115호
주소 서울시 마포구 월드컵북로 402, KGIT 16층 1601-1호

ⓒ 지영현(조은fine), 2023
값 18,500원
ISBN 979-11-93128-04-6 13590

- 인쇄·제작 및 유통상의 파본 도서는 구입하신 서점에서 바꿔드립니다.
- 이 책의 전부 또는 일부 내용을 재사용하려면 반드시 사전에 저작권자와 빅피시의 서면 동의를 받아야 합니다.
- 빅피시는 여러분의 소중한 원고를 기다립니다. bigfish@thebigfish.kr